She

存在即是光辉

保拉·莫德松 — 贝克尔
— 的一生 —

著 / ［法］玛丽·达里厄塞克
（Marie Darrieussecq）

译 / 董 莹

三联书店

Être ici est une splendeur by Marie Darrieussecq

©Editions POL，2016

Current Chinese translation rights arranged through Divas International，

Paris 巴黎迪法国际版权代理

图片版权声明：

本书中所有彩色前插均为保拉·莫德松-贝克尔的画作，

来源于高品图像（Gaopinimages），特此注明。

图书在版编目 (CIP) 数据

存在即是光辉：保拉·莫德松 – 贝克尔的一生 /(法) 玛丽·达里厄塞克 (Marie Darrieussecq) 著 ; 董莹译 . ‒‒ 北京 : 生活·读书·新知三联书店 , 2019.1

（She 系列）

ISBN 978-7-108-06405-9

Ⅰ . ①存 ··· Ⅱ . ①玛 ···②董 ··· Ⅲ . ①保拉·莫德松·贝克尔（1876–1907）—传记 Ⅳ . ① K835.165.76

中国版本图书馆 CIP 数据核字 (2018) 第 223261 号

责任编辑	王振峰
装帧设计	张 红 朱丽娜
责任印制	常高峰
责任印制	卢 岳
出版发行	生活·讀書·新知三联书店
	（北京市东城区美术馆东街 22 号 100010 ）
网 址	www.sdxjpc.com
图 字	01-2018-5879
经 销	新华书店
排版制作	北京红方众文科技咨询有限责任公司
印 刷	河北鹏润印刷有限公司
版 次	2019年1月北京第 1 版
	2019年1月北京第 1 次印刷
开 本	787毫米 × 1092毫米 1/32 印张6.25
字 数	95千字 图8幅
印 数	0,001—8,000册
定 价	32.00元

〔印装查询：010-64002715；邮购查询：010-84010542〕

自画像，1905 年。背景是鸢尾花，整幅画神秘而安详

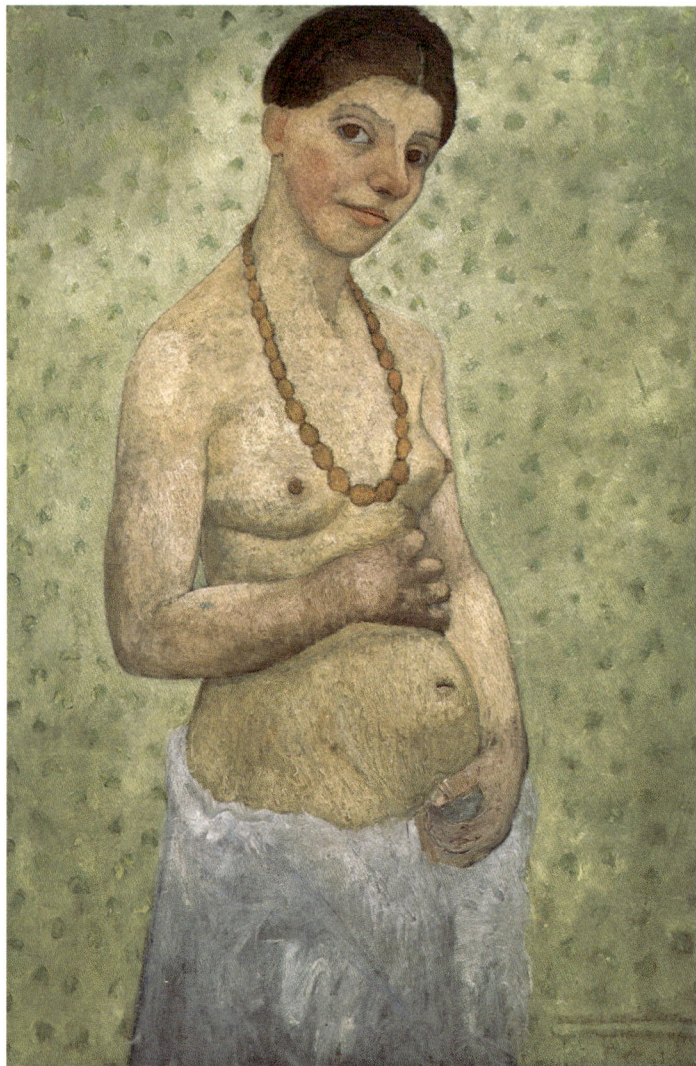

自画像，1906 年。保拉破天荒地在画面下方写了一句话：
"画于三十岁之际，恰逢结婚六周年，P.B.。"

在大多数自画像中，保拉都戴着琥珀

自画像

1906 年，为里尔克创作的画像

静物画：壶、烛台与水果

月色风景

坐着的乡下孩子与猫

"存在即是光辉。"

——里尔克,《杜伊诺哀歌》(*Élégies de Duino*)

目录

译者序　大写的女性 …… 1

一　死神与少女 …… 001

二　恋爱华尔兹 …… 031

三　年轻的妻子 …… 075

四　重返巴黎 …… 095

五　置之度外 …… 125

六　尾声 …… 173

致谢 …… 185

参考书目 …… 187

译者序

大写的女性

董　莹

　　有生之年只卖出过三幅作品的保拉·莫德松-贝克尔，是艺术史上第一位绘画自己裸体的女画家，第一位画出自己怀孕的模样的女画家，第一位拥有专属博物馆的女艺术家。声名之于她，已是身后事。

　　玛丽·达里厄塞克（Marie Darrieussecq）笔下的保拉·莫德松-贝克尔的一生是从死亡开始的。生死两茫茫，有多少相遇相知跑得赢死亡的脚步？

　　或许，你完全不认得叫这样名字的两个人。其实，当初，玛丽·达里厄塞克也全然不知保拉·莫德松-贝克尔是谁。跨越一个世纪的光阴，跨越万水千山的阻隔，跨越生与死的界限，两人终因一幅画而结缘。2010年，玛

~ 1 ~

丽·达里厄塞克正在为自己的第三个孩子哺乳，一幅缱绻相依的母子图不经意间打动了她，而那正是保拉·莫德松-贝克尔1906年的一幅旧作。画家保拉审视和表现女性的方式及效果，在一百年后的某一天，触动了另一位女性的心弦。由此，作家玛丽·达里厄塞克开始了追寻与书写："读得越多，看得越多，我越感到书写这位女艺术家的生平，为展示她的作品尽一己之力的必要。"

一幅画，一本书，两位以笔作为存在方式的女性就这样相遇了。

玛丽·达里厄塞克对保拉一生的书写，恰如作者本人所言，"其实这并非保拉·莫德松-贝克尔真实经历的人生，而是一个世纪之后，我从中感悟到的一条轨迹"。书写的意义，在于求证一个女子，**一个画画的女子的存在**。

画家保拉，性别是她与生俱来的第一身份，画画是她后天选择的"存在于斯"的方式。那一年，她十六岁，原本被送到英国跟姨妈学习管家，却半路跑回来，埋头画起画来。从此，画画杠上了"女儿身"，二者一刻不停地相互争抢她有限的生命。这场与时间的赛跑，止于保拉三十一岁英年早逝，她的面前摆着一幅尚未完成的作品，还有一个十八天大的婴儿。

生子，难产，卧床，栓塞，一命呜呼：身为女性的命运最终要了她的命。对保拉而言，这是成为画家的路上唯一没能跨过去的坎。难怪，倒毙的瞬间，她脱口而出"Schade"（德语，"可惜"之意）。这是她最后的遗言，倾尽一生为自己奋力争取，而今却再无可能的扼腕叹息。

尽管如此，却不得不承认，正是托了"女儿身"的福，画家保拉在她短暂的绘画生涯中才看到了、画出了专属于她的东西：女人笔下的女人。"她的绘画是历经千百年男性画家目光审视之后的绘画"，"终于**赤裸**的女人，挣脱男性目光的女人。不为男人充当模特的女人，不受男性肉欲、侵略性、占有欲、支配欲和自相矛盾的目光审视的女人"。

玛丽·达里厄塞克对保拉·莫德松-贝克尔一生的书写，呈现出两个鲜明的特征。

首先，从纯语言的角度，作者大量使用短句——熟悉法语特点的读者会知道，这其实并不符合法语"节外生枝"的语言特点——或干脆省略动词，制造出许多名词短语或名词独立句。这种表达方式是一种有意为之的选择，目的在于制造一种急促的、迫切的、生怕来不及的感觉。

之于作者，她为"强加于保拉的死亡"而不平，为她"像从前的女人们一样死去，死得那么老套"而遗憾。"这个素昧平生的女人让我怀念。我希望她活着。我想要展示她的作品。诉说她的生平。我想还她以公道，不仅如此，我还想还她以存在，还她以光辉"。作者的心绪被自己笔下的人物命运牵制，心里的千言万语你争我抢地往外涌，无暇顾及常规的句法似也在情理之中。

之于保拉，短促而急切的语流恰到好处地应和着她急不可待的生命节拍。1902年，年仅二十六岁的保拉在日记中将自己未来的坟墓细细地描摹了一番。那一刻，她预感到了什么？而那一年，正值保拉艺术创作生涯的多产之年，如她所言，她的"整个人正处于破晓时分，曙光即将喷薄而出"。一面是来日无多的预感，一面是"我正在变成什么人"的争分夺秒的生命蜕变。急，急，急，只怕来不及……生命越是迫近终点，她越是亢奋，"她与自己的作品朝夕相处，深夜醒来借着月光审视它们，清晨天刚蒙蒙亮就又重新拿起画笔。她试着慢下来，尽量在每幅画

上倾注更多时间。但是，在一幅画上流连不前，便意味着
'满盘皆输的风险'"。

玛丽·达里厄塞克看似"出格"的语言行为，却在叙
事和人物形象塑造上发挥出难言的妙处。

其次，女性主义视角是玛丽·达里厄塞克求证保拉
一生存在的基本着眼点。

如前文所述，这本书的诞生基于女性之于女性共同
命运的感悟。作者耿耿于保拉"像从前的女人们一样死去，
死得那么老套"，而她原本可以在艺术的道路上走得更远。
所以，她要用和保拉一样的武器——笔，去诛伐曾经的那
个时代，一笔一笔剖开它对女性的不公。

玛丽·达里厄塞克对女性身份的探索，从家庭到社
会，从爱情到婚姻，从对女性的命名到女性所受的教育，
从女性经济独立到女性的自我审视与自我认知，从女性与
艺术的关系到女性艺术家及其地位，这一切反映在保拉的
成长与蜕变中，再借由保拉的笔，呈现在她的画里，落
实到她笔下的人物，尤其是女性人物身上。或者反过来
说，玛丽·达里厄塞克从保拉的作品中捕捉到她女性特质
的一面，然后顺藤摸瓜还原出画出这样作品的保拉的人生

轨迹。由此可见，作者与她笔下的人物已经合二为一，二人共同代表的是大写的**女性**，或者更确切地说，是女性艺术家。

保拉身上女性意识的觉醒，固然得益于多重因素的共同作用，这当中有一点尤其值得一提，那就是阅读。不难想象，易卜生、巴什基尔采夫、汉姆生、梅特林克、乔治·桑等人的文字以及他们笔下人物的思想和命运，如何潜移默化到保拉年轻的生命中去，使她走上一条全然不同的成长道路。

"存在即是光辉"，三十一岁的生命何其短暂，然而，与生命的长度相比，生而自知，生而自觉，更显得弥足珍贵。唯其自知自觉的存在，纵然是死亡也奈何不得它，跨越时间与空间的阻隔，它就在那里。

一

死神与少女

若有生之年，

爱情愿为我绽放，

若我能画出三幅上乘之作，

足可欣然逝去，

发间缀满鲜花。

她曾经存在于斯。在这片大地之上，在她的家中。

在她的故居，有三个房间可供参观。每间房门口都拦着一根红色天鹅绒缎带。画架上，陈列着她遗作的复制品——一束向日葵和蜀葵。

她并非只画花花草草。

一扇灰漆门，上了锁，通向楼顶，我猜那里一定有幽灵出没。直至走出屋外，才见到保拉（Paula）和奥托（Otto），也就是莫德松 - 贝克尔夫妇（les Modersohn-Becker）。尽管不是鬼魂，却足以称之为怪物，两人仍是一副当年的打扮，恶作剧似的趴在他们故居的窗口，居高临下地俯视街道和活人的头顶。原来是一对奇丑无比的蜡像夫妻，趴在那栋漂亮的黄色木屋的窗口。

*

恐怖与辉煌并存，这是不争的事实。如果说一生就是一段故事，那么这个故事的恐怖之处就在于：三十一岁英年早逝，面前摆着一幅尚未完成的作品，还有一个十八天大的婴儿。

她的坟墓，令人生畏。那是在沃尔普斯韦德（Worpswede），一座素以观光闻名的小镇，堪称北德意志的巴比松[1]。伯恩哈德·赫特格[2]，一位雕塑家朋友，从她的纪念馆直奔这里。一座由花岗岩和砖块砌成的大石碑：一个半裸的女子，侧卧着，比真人还大，腹上坐着一个赤裸的婴儿。婴儿看似已经夭折，其实不然。玛蒂尔德·莫德松（Mathilde Modersohn）一直活到九十一岁高龄。纪念碑在沃尔普斯韦德的风雪中，饱经岁月的侵蚀。

1902 年 2 月 24 日，早在她去世五年之前，保拉·莫

---

[1] 巴比松（Barbizon）位于巴黎南郊约 50 公里处，紧挨着枫丹白露森林。1850 年前后，那里还是一处偏僻的小村落，但迷人的风景和淳朴的民风吸引了许多画家前来写生，卢梭、柯罗、米勒等大批画家先后来到这里居住，逐渐形成一个"画家村"，美术史上的"巴比松画派"便由此得名。而今的巴比松已是一座闻名世界的艺术小镇。（书中没有特殊标注的均为译者注）

[2] 伯恩哈德·赫特格（Bernhard Hoetger, 1874—1949），表现主义时期德国重要的雕塑家、画家。

德松 - 贝克尔（Paula Modersohn-Becker）在日记中写道：
"曾经，我时常想到自己的坟墓……不必有圆冢，只要一
方矩形泥土足矣，四周种着洁白的石竹花。再往外是一条
寻常的鹅卵石小径，路旁也种着石竹花，外加一道简易的
木栅栏，供玫瑰攀援生长。另开一道门，方便人们前来探
望我，尽头是一张静静的长椅，供人休憩。坟墓位于沃尔
普斯韦德教堂墓地，沿着面向田野的树篱，在老墓地那一
侧，而不是另外半边。又或许，再在我的坟头，植上两株
矮矮的刺柏，中间立一块黑木牌，写上我的名字，既不要
日期，也不要其他文字。这样足矣……我还想再要一只碗，
来扫墓的人们可以把鲜花插在里面。"

　　前去探望她的人们将花放在婴儿的双膝之间。那里
有玫瑰，是的，亦有灌木。镌刻在花岗岩上的墓志铭，其
间 GOTT 这几个大写字母格外醒目。一位讲德语的朋友
辨认出《圣经·罗马书》8:28 中的一段文字："万事都互
相效力，叫爱神的人得益处。"而她，除非在阅读尼采时，
从不提及上帝之名。

二十六岁的年华，却早早预想到自己的坟墓，岂不怪哉？奥托的结发妻子英年早逝，当续弦的娇妻与这位鳏夫缔结连理时，是否感到一阵揪心的疼痛？"我带了一捧欧石楠去她的坟上，那个他曾称之为爱人的女人。"

保拉的"预感"使她成为一位浪漫的人物：少女与死神。青年时期，当她描绘自己脑海中的图画时，每每在画到舞蹈与葬礼场景时踟蹰不决，绚烂的白和沉郁的红……"若有生之年，爱情愿为我绽放，若我能画出三幅上乘之作，足可欣然逝去，发间缀满鲜花。"

*

保拉永远年轻。有十二三张她的照片留存于世。

瘦瘦小小。圆圆的脸蛋。雀斑。蓬松的发髻，不偏不倚的头路。"闪耀着佛罗伦萨的金光。"里尔克如是道。

她最好的女友克拉拉·韦斯特霍夫 ① 在回忆 1898 年 9 月两人相遇的情景时，写道："她端着一把黄铜水壶，那是为乔迁而刚找人修补好的。她坐在模特坐的凳子上，看着我工作。浓密的秀发与水壶一般颜色……衬托着她容光焕发的小巧脸庞，鼻子的曲线精巧而雅致。她仰着头，神情欢愉，恰似一朵出水芙蓉，一道炯炯的目光从眼眸深处望着你，目光中闪烁着智慧和喜悦。"

*

1900 年 8 月的一个星期天，时近黄昏，两位女友相依相伴。保拉试着读书，却不时抬起眼睛。天气如此温煦，生活这般美好，真该去跳舞。可是，去哪儿呢？两个姑娘，穿着短袖束腰白裙，裙子的长度恰好遮住脚踝，在空无一人的村子里闲荡。沃尔普斯韦德的夜空一片通红。教堂矗立在山岗上，俯瞰平坦的土地。灵机一动，她俩爬上钟楼……抓住钟绳，顿时大钟小钟响成一片。

① 克拉拉·韦斯特霍夫（Clara Westhoff, 1878—1954），德国女雕塑家，赖内·马利亚·里尔克的妻子。

丑闻。小学教员闻声赶来，认出了她俩：是那两个布尔乔亚女青年，那两个艺术家！牧师上气不接下气地嚷道："神啊！"教堂里聚集了一小群人。保拉画室的房东，即布林耶斯（les Brünjes）夫妇，胡乱编了一个她们不在场的谎言："韦斯特霍夫小姐和贝克尔小姐？不可能啊，她们到不莱梅（Brême）去了！"农夫马丁·芬克（Martin Finke）起誓说，他宁愿出五毛小钱，也要去那里逛一逛。在后厨剥红薯皮的驼背小姑娘听了她俩的"壮举"笑得乐不可支。

1900 年 8 月 13 日保拉给母亲写了一封信。若非深爱母亲，她怎会写出如此美丽动人的信？保拉还在信里夹了一张木炭画：金发小个儿的那位正是她本人，只见她奋力抱住大钟，二头肌紧绷，屁股往后撅；棕发高个儿的那位便是克拉拉，她拳头叉腰，作哈哈大笑状。这两个姑娘，一位将嫁给奥托·莫德松（Otto Modersohn），另一个将嫁给赖内·马利亚·里尔克（Rainer Maria Rilke）。画画的那个姑娘英年早逝，搞雕塑的那位尽管活了一大把年纪，却被遗忘湮没得更深。

克拉拉和保拉相识于沃尔普斯韦德，师从严厉的弗里茨·麦肯森[1]，学习绘画。她们将成为彼此最要好的朋友，这份友谊既构筑在学业和爱情的基石上，又与误解有着千丝万缕的联系。没有什么比误解更根深蒂固的了。看啊，一下课，她俩就乘着雪橇，一路飞奔回家。看啊，在巴黎，她们为学生聚会准备了五瓶潘趣酒，两个大蛋糕：一个杏仁蛋糕，一个草莓蛋糕。看啊，在马恩河（la Marne），她们一边划船，一边听夜莺在白杨树上歌唱。看啊，在蒙马特（Montmartre），两人嘻嘻哈哈地打发一位试图劝她们入教的修女。看啊，在默东（Meudon），她们沿小路飞奔而下，去拜访罗丹。看啊，在沃尔普斯韦德，她们勇敢地迎接两位男士充满欲望的目光，其中一位是画家莫德松，另一位是诗人里尔克。

*

贝克尔家的人勤于通信，因此，才有了保拉那好几

---

① 弗里茨·麦肯森（Fritz Mackensen，1866—1953），德国画家，沃尔普斯韦德艺术家村的创建人之一，奥托·莫德松的好友。

百封书信。除此之外，还有她的日记和年轻时的影集。在贝克尔家的六个兄弟姐妹中，保拉排行老三。七弟很小就夭折了。父亲、母亲、叔伯、婶姨、兄弟、姐妹，一旦分离，便鸿雁传书，这既是一项家庭义务，也是一种仪式，一份爱的证明。

十六岁那年，保拉·贝克尔前往英国投奔玛丽姨妈，学习管家，却半路提早回国。她埋头画画，画得无比投入。母亲鼓励她画画，甚至收留了一位房客，用于支付她上课的开销。父亲虽不反对，但出于将来的考虑，希望她从事教学工作。1895年9月，保拉取得了小学教师资格。

但她并未立即从事教学工作。有位舅舅给她留下一小笔积蓄，于是她在沃尔普斯韦德安顿下来，专心向麦肯森学艺，当时他的课声名远播。她描画人体，研究手和脸。她注意到贫穷所造成的畸形，却并不以此作为绘画的情感主题。她只是把自己的所见画出来，后来她同样也画巴黎人的身体，甚至画她自己的身体。她喜欢强烈的对比，时而用黑色加强烘托。她将成为表现主义艺术家，尽管沃尔普斯韦德挑剔的风景画家对此并不十分欢迎。

1899 年，当她跟克拉拉·韦斯特霍夫，以及麦肯森的另一位学生玛丽·博克（Marie Bock），在不莱梅博物馆举办第一场画展时，当地评论界一片哗然。有个名叫亚瑟·菲特格①的家伙看了她们的画不禁感到"恶心"。尽管他宁愿用"干净的词语"发表评论，却情不自禁地想到那些宁可不提为妙的"不洁"字眼。与"德意志人民真正的艺术瑰宝"相比，这场"极其令人遗憾的"展览简直是一种"侮辱"。另一位当地知名艺术家卡尔·芬嫩（Carl Vinnen）试图为博物馆挽回颜面，毕竟博物馆"颇具骑士风度地向沃尔普斯韦德的这几位可怜的女士敞开了大门"。

那一年，这位可怜的女士读了易卜生②的戏剧和玛

---

① 亚瑟·菲特格（Arthur Fitger, 1840—1909），德国画家、艺术批评家、剧作家、诗人。
② 亨里克·易卜生（Henrik Ibsen，1828—1906），挪威戏剧家，现代散文剧的创始人。其作品强调个人在生活中的快乐，无视传统社会的陈腐礼仪。

丽·巴什基尔采夫 ① 的《日记》（*Journal*）。她梦想像后者一样生活在巴黎。她待在村里对着模特画画。应邀参加在奥托·莫德松或海因里希·福格勒（Heinrich Vogeler）家举行的艺术家聚会。福格勒在吉他伴奏下演唱"黑人歌曲"，大家翩翩起舞，保拉心知肚明那条绿色天鹅绒新裙子再适合她不过了，她还知道有人正目不转睛地盯着她看，临睡前她把这些统统写进日记里。

我不知该如何表达。不知是否可以称之为"恋爱了"。

保拉·贝克尔滑向了奥托·莫德松。

早在 1895 年，她便在不莱梅的一次画展上看过他的画。对于画中所表现的"真实性"颇为欣赏，仅此而已。第一次见面，她对他的印象是："大块头，栗色西装，红棕色络腮胡须，温和友善的目光，给人的整体印象深而又

---

① 玛丽·巴什基尔采夫（Marie Bashkirtseff，1860—1884），俄国女艺术家，她的日记是一部极好的内心生活的自传。此外，她还是一位才华横溢的视觉艺术家和勇敢的女权主义者。

深——一轮秋日的太阳，炙热而忧郁。我真希望能好好认识一下这位莫德松。"在沃尔普斯韦德，她在交友方面遇到一些小麻烦。那里有比她略微年长的英俊画家福格勒，另一位名叫弗里茨·奥弗贝克（Fritz Overbeck）的画家却对她不甚友善。"反之，我觉得莫德松很有吸引力。他平易近人，讨人喜欢。他的气质中包含一种音乐感，我恰好可以用小提琴与之相互应和。单就他的画而论，已经足够吸引我了。这是一位温柔的梦想家。"他的意见对她举足轻重。她经常向父亲讲起这个比自己大十一岁的男人，况且还比她"高十七厘米"。"他感情充沛，蓄着尖尖的红胡子，神情严肃，近乎忧郁，但却生性快活"，和她父亲如出一辙。从照片上看也是，额头、鼻子、络腮胡须全都一模一样，好像用透明纸描出来的一样。

只有在一封写给母亲的信中，保拉才提到那位妻子——莫德松夫人，"一个敏感的小个子女人"。保拉临去巴黎之前，名义上寄给莫德松先生和夫人的信，其实只是写给他一个人的，以还书为由，表达了再次见面的热切渴望。

*

保拉决定用亚瑟舅舅留下的那笔款子到巴黎学画。
1900年7月5日，她在日记中写道："今天，父亲来信了，
敦促我找一份家庭女教师的工作。一下午都躺在沙地和欧
石楠丛中读克努特·汉姆生①的《潘》(*Pan*)。"

1900年，年轻的世界。克努特·汉姆生勾勒飞鸟，
抒写夏日恋情，描摹细草和广袤的森林。《饥饿》(*La Faim*)一书的天才作者尚未沦为把自己的诺贝尔奖章献
给戈培尔的纳粹分子。尼采也还没被那些心怀叵测的家伙
操纵利用。人们尽可以相信牧神潘的统治，相信大自然，
相信眼下的时光。

① 克努特·汉姆生（Knut Hamsun, 1859—1952），挪威作家，1920年诺贝尔文
学奖获得者。主要作品有《向生命一切的青春举杯》《大地的成长》《神秘的人》
《饥饿》《在蔓草丛生中的小径》等。他信奉尼采的哲学，曾经在各大报纸上发
表赞扬希特勒侵略行为的文章。1946年被挪威最高法院判处叛国罪，但他的
文学成就却是不可抹杀的。

1900 年，所有的一切都发生在 1900 年。保拉在信中向哥哥库尔特（Kurt）倾诉，经年累月的沉睡和空想之后，她终于绽放了。这样的发展或许令家人震惊，不过一切都会好起来的。他们会为此感到高兴。一定要相信她！

从不莱梅到巴黎，乘火车要十七个小时。保拉和一个名叫克莱尔（Claire）的夜总会女艺人同坐一间女士包厢。她的同事，"一个带有黑人相貌特征的年轻人"，站在走廊里，因为保拉的缘故而不敢进来。但即便在她"严厉的德国目光"的审视下，他们也一刻没有停止闲谈与歌唱。

偏见把复杂的世界简单化。法国人浅薄、麻木、肮脏、风趣，反之，德国人诚实、严肃、爱清洁、迟缓。保拉注册了克拉罗西学院①，在那里，她的巴黎女同学们竟敢向罗丹——有血有肉的神——**献媚**。不过，那倒真是很美！

---

① 克拉罗西学院（l'Académie Colarossi）是巴黎的一所美术专科学校，成立于 1870 年，由意大利雕塑家菲利普·克拉罗西创办，位于蒙帕纳斯的大茅屋街（rue de la Grande-Chaumière）。与保守派的巴黎美术学院（l'École des beaux-arts de Paris）分庭抗礼。与朱利安学院（l'Académie Julian）一样，该校同时招收男、女学员，并且允许女学员画男性裸体画。

"她们只不过没什么更有深度的话可说罢了。"

卡米耶·克洛代尔①曾是克拉罗西的学生。让娜·埃布特纳②——莫迪利亚尼③的情人，也将在此就读。在这里，女学员有权画裸模。④女模全裸，男模穿着短衬裤。"只可惜，"保拉向父母写道，"这些模特只是'装腔作势'罢了。他们只会那么六七种姿势，来来回回不过如此。"保拉画了一个趾高气扬的小胡子男人，身穿紧身白色三角裤，双臂交叉，仰着下巴：即便脱光衣服，也还是一副巴黎人的德行。

---

① 卡米耶·克洛代尔（Camille Claudel，1864—1943）是法国雕塑大师奥古斯特·罗丹的学生，也是他的情人和艺术上的竞争者。

② 让娜·埃布特纳（Jeanne Hébuterne，1898—1920），法国女艺术家，表现主义艺术家阿梅代奥·莫迪利亚尼的缪斯女神。

③ 阿梅代奥·莫迪利亚尼（Amedeo Modigliani，1884—1920），意大利表现主义画家与雕塑家，受19世纪末新印象派以及同时期非洲艺术、立体主义等艺术流派的影响，创作出以优美弧形为特色的人物肖像画，成为表现主义画派的代表艺术家之一。

④ 玛丽·巴什基尔采夫就读的朱利安学院也是一所男、女学员兼收的美术院校，与克拉罗西学院不同的是，这里的学生在上裸模课时，要男、女学员分开。不知何故，女学员注册课程的费用是男生的两倍。——原注

她还在巴黎美术学院上解剖课。1900年，该校的大门刚刚向女生敞开。[①] 很多女留学生前来求学，美国人、西班牙人、英国人、德国人、俄国人……在她们的国家，找不到像这样的学校。尽管被尸体（由医学院提供）熏得头疼，保拉却认为这些课非常有价值。她写信告诉父母，她终于弄明白膝盖是什么了。他们支持她远赴巴黎求学，思想很是开通。1900年，一位名叫凯瑟琳·肯尼特（Kathleen Kennet）的英国女学生不无讽刺地写道："假如有个二十岁的姑娘去巴黎学美术，那无异于是说她已经无可救药地堕落了。"总之，在保拉看来，一切"对女性而言可谓难上加难"。人们期待她们画出引人入胜的精彩作品，而男人们却可以理所当然地**犯浑**。巴黎如此美好，却又如此堕落——臭气熏天的苦艾酒，遍地污秽，洋葱头一样的嘴脸。父亲不许她晚上在大街上闲逛，"因为那种地方见不到什么好事"。

她的房间位于拉斯帕伊大街。大小只有一张床长，

---

① 这要多亏女雕塑家埃莱娜·贝尔托（Hélène Bertaux）和女画家维尔日妮·德蒙-布雷东（Virginie Demont-Breton）坚持不懈的争取。——原注

一张半床宽。墙上贴着花卉壁纸，里面有一座壁炉、一盏石蜡灯。克拉拉·韦斯特霍夫和她比邻而居，她是来向罗丹拜师学艺的。首先得买一张床垫，其次是一把扫帚，之后全部擦洗，彻底清扫。只要花上三十生丁，女清洁工就会每周日来打扫一次卫生。保拉自己动手用废木料做了几件家具，然后蒙上提花装饰布。巴黎的鲜花便宜得令人难以置信，成把的水仙、金合欢，八支玫瑰只要五十生丁！她找到一家小馆，一顿饭只要一法郎，尽管吃的并不是大鱼大肉。她瘦了，不过一瓶红酒只要六十生丁，倒是不会缺铁，但父母还是给她寄了补铁剂来。

卢浮宫，霍尔拜因 [1]、提香 [2]、波提切利 [3] 和他的大壁画、五个长裙飘曳的妙龄女子，这些卸去了她的"心头重

---

① 霍尔拜因（Holbein）是个家族姓氏，父亲和儿子都是德国画家。
② 提香（Le Titien，约 1488/1490—1576），意大利文艺复兴后期威尼斯画派的代表画家。
③ 波提切利（Botticelli，1445—1510），15 世纪末佛罗伦萨著名画家，欧洲文艺复兴早期佛罗伦萨画派的最后一位画家。他画的圣母子像非常出名。

负"。这里还有与圣人为伴的弗拉·安杰利科①。移步户外，透过幽蓝的或金色的雾霭，饱览塞纳河风光：河岸上的杂耍艺人，书商四敞大开的书摊，画廊里柯罗②、米勒③的作品。右岸，在商人沃拉尔（Vollard）那里，她有样东西要给克拉拉看。墙边堆满油画，她信手翻弄。她说，这些画洋溢着一股淳朴的新风，那是塞尚④。

保拉四处漫游。这里有三匹马拉的大型公共马车，还有两匹马一前一后拉的双轮马车，她把这些有趣的情景画在速写本上。但是，最让人匪夷所思的还要数巴黎人。到处是奇形怪状的帽子、五花八门的颜色，艺术家打扮得好像讽刺漫画里的人物——天鹅绒套装，轻飘飘的宽领带，

① 弗拉·安杰利科（Fra Angelico，1395—1455），文艺复兴时期欧洲艺术家，一生大部分时间在佛罗伦萨工作。他的绘画作品在简单而自然的构图中应用透视画法。

② 柯罗（Jean Baptiste Camille Corot，1796—1875），法国写实主义风景画家和肖像画家。出生于巴黎，早年师从古典派画家贝尔坦，因学业优秀获得到罗马留学的机会。回国后，在巴比松村附近的枫丹白露森林画了许多风景画。

③ 让-弗朗索瓦·米勒（Jean-Francois Millet，1814—1875），法国近代绘画史上最受人民爱戴的画家。他那纯朴亲切的艺术语言，尤其受到法国农民的喜爱。

④ 保罗·塞尚（Paul Cézanne，1839—1906），法国著名静物、风景、人物画家，后期印象派的主将，从19世纪末便被推崇为"新艺术之父"。

斗篷或长袍，蓬乱的长发，女士们则把头发弄成难以置信的发型。还有布利耶舞会（le Bal Bullier），大学生、缝纫女工、洗衣女工鱼龙混杂，大帽子、丝绸连衣裙和袒胸露背的短袖衫应有尽有，甚至还有骑自行车穿的短腿蓬蓬裤。

二月，正赶上她的生日，她与克拉拉以及克拉罗西的同学们一起庆祝生日。一个大橘子、一束紫罗兰、一株种在漂亮花盆里的风信子，还有半瓶香槟，便是礼物！

*

世界博览会即将开幕，房价飞涨。在房租"基本持平"的前提下，保拉搬进康巴涅-普勒米埃尔街9号一间更宽敞、更干净的画室。父亲不太摸得透其中的门道，尽管担心费用，却要她不要在取暖和饮食方面节省。尤其不要过度劳累，因为"那会让人变蠢。人生来不是为了把所有时间都花在工作上，而是为了享受生活。只有好好生活，人才能神清气爽，保持一颗敏悟的心灵"。

在学院举办的绘画竞赛中，保拉拔得头筹。四位老师一致投票给她。她给父母寄去一张明信片，上面是她的自画像，那模样既感人又滑稽：脖子上挂着奖牌，手里握着画笔，擎着调色板，背景是塞纳河与圣母院。"生活是严肃的，既充实，又美好"，但她却在绘画的路上遇到了绊脚石，经历了一段沮丧的日子。她来这已经四个月了。她在城里游荡，游走于"无垠的巴黎"。巴黎勉强走出了德雷福斯事件①的阴影，落得伤痕累累。保拉对此只字未提。她觉得正在修建的圣心教堂②美不胜收，却对巴黎公社未置一词。她见到了萨拉·贝纳尔③，觉得《大鼻子情圣》（*Cyrano de Bergerac*）法国味儿太浓，她聆听巴赫的《马

---

① 1894年法国陆军参谋部犹太籍上尉军官德雷福斯被诬陷犯有叛国罪，遭到革职并处终身流放。法国右翼势力乘机掀起反犹浪潮。虽然不久后便真相大白，但法国政府却拒不认错，直至1906年德雷福斯才被判无罪。德雷福斯案件折腾了十二年，当时法国从上到下，包括政府、军队、教会、报界、政党、团体、家庭，几乎举国分裂成赞成重审和反对重审两派，斗争异常激烈，整个国家陷入一场严重的社会和政治危机。被德雷福斯事件折腾的十二年正好是主要资本主义国家大发展的时期，而法国却把精力耗在内讧上，严重削弱了国力和军队的战斗力。这种影响在"一战"中由于美国的及时援助没有暴露出来。在"二战"中，对法国知根知底的近邻德国，毫不费力地将法国踩在脚下
② 圣心大教堂，位于巴黎蒙马特高地，筹建于1875年，1919年落成。巴黎圣心教堂是为了纪念巴黎公社死难的烈士，通过民间募捐的方式建造而成的。
③ 萨拉·贝纳尔（Sarah Bernhardt, 1844—1923），法国女演员。

太受难曲》①。

她花许多时间给奥托·莫德松写信，向他描述巴黎春日的欢乐时光，以及法国人对寻欢作乐的嗜好。她写道："我们德国人，到死都板着一张上纲上线的脸，一辈子活在沾沾自喜当中。"在她看来，巴黎人嘴边时刻挂着"爱情"二字，但她却不为所动。而且，她也搞不懂。做个德国人，单纯而优越，也不错！总之，如果能收到他的只言片语，她会感到无比荣幸。

亲爱的贝克尔小姐！（原文德语"Liebes Fräulein Becker！"）奥托向亲爱的贝克尔小姐——向同时身为艺术家和女性的她——致以衷心的美好祝愿。他向她讲述了自己整理画室的经过，满屋子全是画。如果卢浮宫里有特

---

① 《马太受难曲》创作于 18 世纪，作者是被誉为"西方音乐之父"的德国著名音乐家约翰·塞巴斯蒂安·巴赫。这部曲子共分为 78 首分曲，真实地再现了耶稣被犹大出卖、被捕、受审、被钉十字架和被埋葬等场景。

纳①的作品，能否请她为他描述一下它们的色彩？他只在照片上见过。

"您喜欢莫奈吗？"不，奥托·莫德松压根儿不喜欢他。他更偏爱毕维·德·夏凡纳②。莫奈只对角度和光线的变幻感兴趣，对于在沼泽地里一画就是好几个小时的奥托而言，这幅"掐着钟点"画的画完全打动不了他。诚然，他欣赏法国艺术，但他更乐于不知疲倦地埋首于自己的工作。"身为德国人，像德国人那样去感受，去思考，岂不乐哉？"

*

1900年。辽阔的德意志帝国，版图横贯东西，从阿尔卑斯山到波罗的海，从孚日山（les Vosges）到苏

---

① 约瑟夫·玛罗德·威廉·特纳（Joseph Mallord William Turner，1775—1851），英国浪漫主义风景画家、水彩画家、版画家，他的作品对后期印象派有相当大的影响。
② 毕维·德·夏凡纳（Puvis de Chavannes，1824—1898），法国画家。

台德地区（les Sudètes），雄踞欧洲心脏要地。阿尔萨斯（l'Alsace）和洛林（la Lorraine），以及今天的捷克、斯洛伐克和波兰，统统归于德国版图。1893年，儒勒·费里①在遗嘱中写道，愿我的坟墓"面向孚日山蔚蓝的峰峦，被征服者凄惨的呻吟从那里升起，一直传入我的拳拳之心"。

尽管如此，身在巴黎，保拉却受到善待，遭人厌弃的反而是英国人。新闻摄影刚刚问世，有关"集中营"的图片广为传播。这是个新名词。在南非，英国人让布尔人②在集中营里忍饥挨饿。两万两千名布尔儿童——两万两千名白人儿童，葬身于此。街上的行人误把保拉当成英国人，对她大肆羞辱。无奈之下，这位撒克逊姑娘只好亮出她的德语，"但他们却以为我是在装腔作势"。

① 儒勒·费里（Jules Ferry，1832—1893），法国政治家，曾多次任国民教育部长，任内确立了法国国民教育的基本原则。
② 布尔人（les Boers）是对居住在南非的荷兰、法国和德国白人所形成的混合民族的称呼。来源于荷兰语"Boer"（农民）一词。现多改称为"阿非利卡人"。

1907年，保拉英年早逝，因而幸免于即将爆发的大屠杀。高更、塞尚、海关关税员卢梭[1]分别于1903年、1906年和1910年离开人世。尽管如此，他们无不度过了一生，在艺术的道路上也走得足够远。

保拉恍如两个世纪夹缝间的一枚气泡。她匆匆挥洒画笔，如一道闪光般倏忽而逝。

*

海因里希·福格勒写信向保拉诉苦，没有她的村子令人气馁。沃尔普斯韦德，成了一片了无生气的平原：在他看来，村里的每位艺术家各自偏安一隅，"视野狭窄，各自独坐在自己的沙发上，殚精竭虑地守着各自微不足

---

[1] 海关关税员卢梭即亨利·卢梭（Henri Rousseau，1844—1910），法国画家，属后期印象派。为区分与之同姓的启蒙时代思想家让-雅克·卢梭(Jean-Jacques Rousseau)，法国人习惯性称亨利·卢梭为"海关关税员卢梭"。这与其真实职业，即道路通行费收费员有一定出入，不乏调侃意味。

道的狭隘感受"。奥弗贝克夫妇[1]固守着他们的秘密；汉斯·安·恩德[2]正在赌气，哭丧着脸向他打招呼。"这就是我的邻居！"至于莫德松，人虽不错，却对他妻子的健康状况视若无睹。埃莱娜·莫德松（Hélène Modersohn）咳嗽，体虚，不久前的那次分娩令她的状况雪上加霜。

海因里希·福格勒是不莱梅一位富有的五金商人的儿子。他酷爱拉斐尔前派[3]的画风，把所继承的遗产悉数用于绘画，以及在沃尔普斯韦德筹建巴肯霍夫艺术之

[1] 奥古斯特·弗里德里希·奥弗贝克（August Friedrich Overbeck, 1869—1909），德国画家、雕塑家，经奥托·莫德松游说，1894年来到沃尔普斯韦德艺术家村设立画室。1897年，奥弗贝克迎娶了自己的女学生赫米内·罗特（Hermine Rohte）。

[2] 汉斯·安·恩德（Hans am Ende, 1864—1918），德国印象派画家。1889年，与奥弗贝克、莫德松、福格勒等人共同创建沃尔普斯韦德艺术家村。1895年，该团体艺术家先后在不莱梅、慕尼黑等地展出作品，在德国国内赢得声誉。1900年，里尔克途径沃尔普斯韦德，与艺术家村成员结交，后为每位艺术家撰写了论文。

[3] 拉斐尔前派又称前拉斐派，是1848年在英国兴起的一场美术改革运动，是由三名年轻的英国画家亨特、罗塞蒂和米莱斯发起，目的是为了改变当时的艺术潮流，反对那些在米开朗基罗和拉斐尔的时代之后偏向机械论的风格主义画家。拉斐尔前派的作品基本上以写实的传统风格为主，画风审慎而细致，用色较清新。

家（la Barkenhoff）。后来，他转变成共产主义者，把艺术之家改建成孤儿院，画风也转向现实—社会主义（réal-socialiste），甚至还娶了一个无政府主义者为妻，因为他的原配夫人无法忍受集体生活。他抨击纳粹主义，投奔苏联，日耳曼—苏维埃条约破裂后，他再也无法回国。1942 年，因饥寒交迫，精疲力竭，他死于哈萨克斯坦的一座劳改营，这也是落入 20 世纪这座大屠宰场的必然归宿之一。

*

1900 年 5 月，保拉给莫德松夫妇写了一封长信，信的内容让人难以回绝。"我必须要说，必须，就是这样。"但愿他们即刻动身到巴黎来吧，来看看世界博览会，那可真是"精彩至极，令人叹为观止"。昨天她已经去过了，今天还要去，明天还要再去。"世界各国的各种奇观，对您而言可谓机不可失，奥托，您对色彩是如此敏感。亲爱的莫德松夫人，我知道您身体欠佳，去年冬天所有那些流感和伤寒让您苦不堪言。如果您本人不便出行，那就让您的丈夫来吧。当然，他会说不，他一定不愿撇下您独自上路，请您务必态度坚决，千万不要妥协。只要一周就够了。他一定会带着各种生动鲜活的感受回到您身边。"

　　她把一切都安排好了：住处、费用、一法郎一顿的饭，还有法国艺术家！奥托的作品没有在此展出，那真是太遗憾了。保拉对他的未来寄予厚望，"请原谅我的直言不讳"。还有蒙马特，花团锦簇的春天，卢浮宫的雕塑长廊，罗丹——神一般的大师，在中国灯笼下演奏的匈牙利管弦乐队，埃菲尔铁塔，摩天轮！的确，巴黎才能叫城市。"莫德松先生，请让返程的邮车捎信告诉我您一定会来！"
　　"是的，您应该来。
　　"您的保拉·贝克尔。
　　"事不宜迟，趁天气还没热得让人受不了之前。"
　　"您的来信，亲爱的保拉小姐，掀起了一场名副其实的龙卷风。"

　　奥托说"不"。原因就在于那些现代艺术家们。他宁愿待在沃尔普斯韦德，免受他们的影响："在这宁静的乡间，我们的生活自有其魅力，任何现代运动都不能使我们偏离我们的轨道……不，我宁愿留在这里，更深入地挖掘自身。"

电报接踵而至。他来！

　　亲爱的莫德松先生，

　　您要来，我真是高兴极了。皆大欢喜。

她得赶紧去卷头发，为化装舞会做准备，她向亲爱的莫德松夫人致以亲切的问候，答应尽快寄玫瑰花给她。"不过，最棒的，最最棒的，是您的大驾光临。莫德松万岁！乌拉！"

*

6月11日，星期一，奥托·莫德松与奥弗贝克夫妇、玛丽·博克等一同抵达巴黎。

6月14日星期四，奥托匆忙赶回沃尔普斯韦德。他的妻子埃莱娜刚刚告别人世。

保拉决定也要回去："亲爱的爸爸、妈妈，我在巴黎的时光就这样结束了，这真让人难过，回到沃尔普斯韦德之后的日子也一定不好过。最近这些日子，多亏莫德松的陪伴。"

（二）

恋爱华尔兹

相遇为我们打下烙印，

于是，我们变成了留言簿。

1900 年 9 月，赖内·马利亚·里尔克来到沃尔普斯韦德这座宁静、偏僻的艺术小镇，拜访友人海因里希·福格勒。他从俄国远道而来，途经当地，取道法国，最终目的地是意大利。

里尔克——欧洲的代名词，他出生在布拉格，卒于瑞士，会说十多种语言。他曾经的爱人露·安德烈亚斯·莎乐美[①]为他引荐了尼采、托尔斯泰和弗洛伊德。他唯一一部小说的主人公是丹麦人（精彩绝伦的《马尔特·劳里茨·布里格手记》[②][*Cahiers de Malte Laurids Brigge*]）。据说，他被一朵献给埃及美人的玫瑰刺中而身亡。（事实上，里尔克因罹患白血病于 1926 年去世。）

里尔克的到来对艺术家村而言可谓一桩大事，并非

[①] 露·安德烈亚斯·莎乐美（Lou Andreas-Salomé，1861—1937），一位征服天才的女性。她是俄罗斯流亡贵族的掌上明珠，有怀疑上帝的叛逆，是才华横溢的作家、特立独行的女权主义者；她为尼采所深爱，受弗洛伊德赏识，与里尔克同居同游。

[②] 《马尔特·劳里茨·布里格手记》是里尔克历时六年（1904—1910）完成的笔记体小说，记录了一个出身没落贵族、性情孤僻敏感的丹麦青年诗人的回忆与自白，某种程度上即是作者自身的写照。

因为这位年轻诗人享誉世界，而是他给荒原上封闭的小圈子带来了一张新面孔。

村里住着十多位艺术家。奥托·莫德松、弗里茨·麦肯森、汉斯·安·恩德等三位创始人于1889年率先进驻。1895年，海因里希·福格勒紧随其后。随后，卡尔·芬嫩、弗里茨·奥弗贝克与赫米内·奥弗贝克夫妇、克拉拉·韦斯特霍夫、玛丽·博克也纷纷加入进来。其中大多数人来到这里，是因为他们就出生在附近地区。而且这里风景优美，人烟稀少，地势平坦。因为他们对风景、对欣赏风景的方式自有一套想法：他们摒弃了 *veduta* 画派 ① 的宽大画面，更加注重一个视点、一个角落、一棵树、一栋房子。

他们来到这里的另一个原因，是这里的真实。贫苦而虔诚的农民，原汁原味的风景：沼泽地、森林、天空，远处的沙丘；苍白的日光、北方的太阳、冬天的雪、夏天暴风雨密布的天空。还有一身雪白衣裙的太太，衣衫褴褛

---

① "veduta" 是意大利语，意为"视野，风景画"。Le védutisme 是18世纪盛行于意大利，尤其是威尼斯的一种风景画法，即用透视法表现城市风光。

的邻居；蕴于粗犷之中的精致，红扑扑的脸颊，金黄的头发，瓷器般细腻的皮肤。

人们可以责备里尔克在他那篇关于沃尔普斯韦德画家的文章①中对保拉只字未提。不过，人们也可聊以自慰，毕竟保拉对沃尔普斯韦德的归属感尚未达到足够的程度。

在沃尔普斯韦德，她描绘黑白相间的桦树皮、沼泽中的泥炭。在巴黎，她与灰暗的日光，与越过栗子树的高墙斗争。假如到了密西西比河上，想必她笔下一定会幻化出"空中少女"——那些为树木缀上绿胡须的茂密的苔藓。

*

2014 年夏天，泛舟哈姆河（la Hamme）。这是沃尔普斯韦德境内的一条小河，河道短而宽。从谷歌地图上看，

---

① 保拉在阅读这篇文章时，从中发现了"更多里尔克，而非沃尔普斯韦德"（1903年 3 月 9 日）。——原注

酷似一条蜈蚣：沿岸纵横的河渠就像蜈蚣成千上万只脚爪。哈姆河注入莱苏姆河（la Lesum），后者再注入威悉河（la Weser）。"注入"的说法并不准确，因为河水水流徐缓，土地蔓延伸展。与其说是河，不如说是经过农民整饬的一片沼泽，运河接着运河，松林连着松林。

从船底望去，地面高起，树篱耸立，白杨巍巍。蓝天无边无垠，树木直指苍穹。沃尔普斯韦德荒原是德国为数不多的空荡角落之一。一路向西，往北海（la mer du Nord）方向，就是荷兰，遍野都是风力发电机，为同一片土地注入现代气息。风车、平坦的地势、密集的人群蓦地呈现在眼前。德国止步于海滨，止步于一片沿海圩地风光。

从不莱梅到巴黎，乘飞机只要一个半小时，而在1900年，里尔克在马车上颠簸了四个小时才走完四十公里，"坐在高高的黄色车厢里，一路奔驰，林木从耳边呼啸而过"。

*

赖内·马利亚·里尔克，保拉·贝克尔，两个二十四岁的年轻人。一个不愿做家庭女教师的姑娘邂逅了一位不愿当兵的小伙子。她从巴黎返乡，他自俄国远道而来。时值 1900 年夏末，他们置身于世界的起点。

那位金发女画家，"在一顶佛罗伦萨大帽子下，微笑着"。

里尔克刚刚得知他的好友海因里希·福格勒决定迎娶玛莎，一位年轻漂亮的当地姑娘，"单纯而温柔"。"战斗结束了。"闻知喜讯，他欣然说道。

对里尔克而言，战斗才刚刚打响。露·安德烈亚斯·莎乐美翩然远去。他与保拉、克拉拉二人初次相遇。他把两人当成姐妹。娇小的金发姑娘和高挑的棕发姑娘，身穿洁白的连衣裙，一心想要跳舞。

*

第一天晚上，里尔克向保拉谈起荒原的色彩。谈起这些色彩，谈起黄昏的天空，谈起他无所适从的时光，令他深陷焦虑。

当沃尔普斯韦德的天空孕育着暴风雨时，色彩尽数汇聚在树端。屋舍折射出一抹淡淡的红。河渠水光潋滟，光仿佛就是在那里生成的。

里尔克以为画家们历来懂得生活，焦虑从他们的笔端挥洒而出。住院期间，梵·高不是把病房当作描摹的对象吗？画家和雕塑家的身体是灵动的。他们的工作即在于运动。而他，作为诗人，只会动动手罢了。至于要如何保持身体的活力，他全然不懂。

第一天晚上，克拉拉来找他们。她在沼泽地撞见了死人—— 一个老太婆，一个幽灵。平滑的夜色，桦树，明月，幽暗的画室里烛光摇曳。1900年9月的那天夜里，克拉拉·韦斯特霍夫的亲口讲述，与我们所读到的与此相关的内容之间，横亘着里尔克的文字。夜阑人静，里尔克提笔为露·安德烈亚斯·莎乐美记录自己的人生，这封蔚为壮观的连载书信在他去世后以《青春日记》（*Journaux de jeunesse*）为名出版。里尔克于字里行间云游四方，探索幻象与渊薮，时间里并不存在的花园，运河上幽灵驾驶的船只。

古罗马时期，人们把通奸淫妇笔直地埋进泥炭之中，以示惩戒，而今仍能在沼泽里发现她们完好无损的尸体。千百年来，泥炭中的尸体惊恐地张着大嘴，一旦接触空气便分崩离析，只剩一抔蓝粉被收集起来，存放在教堂里。克拉拉和保拉曾经敲响那座教堂的大钟，作为黄昏的礼赞……里尔克向露写道。

赖内·马利亚·里尔克犹豫不决。保拉，克拉拉，他的心摇摆不定。他更乐于"三人行"。这是他终其一生的嗜好。

保拉身穿绿裙，也就是她第一次在莫德松画室所穿的那条。

> 红玫瑰从未这样红
>
> 如同这个雨意缠绵的夜。
>
> 我久久地幻想你柔顺的秀发……
>
> 红玫瑰从未这样红。
>
> 荆棘从未绿得如此幽暗
>
> 如同这个雨季的漫漫长夜。
>
> 我久久地幻想你柔软的衣裙……
>
> 荆棘从未绿得如此幽暗。[①]

克拉拉身穿白裙，"一条帝国风格、没有紧身裙、浸礼会信徒式样的裙子。松松垮垮的抹胸，长长的竖褶。忧郁的漂亮脸蛋儿，飘逸的棕发，轻盈的发卷贴着脸颊自然下垂……"那是第二次见面的晚上。里尔克答应为朋友们读诗。大家把一张沉甸甸的桌子从窗口挪出去，好坐下所

[①] 里尔克在《青春日记》中所作的诗，1900年9月，由菲利普·雅各岱（Philippe Jaccottet）翻译成法文。——原注

有人。保拉把这一幕称作"与桌子的战斗"，诗人记下了这个说法。不过克拉拉才是那天晚上"名副其实的女王"。他"不止一次"地注意到她，"……尽管她的脸颊时而显得棱角过于分明"。

第三次见面，他把几件俄罗斯之行的纪念品送给保拉，其中包括一张斯皮里东·德罗钦（Spiridon Drochine）的照片，此人是托尔斯泰的农奴，也是一位农民诗人，有一张顽强的面孔，正如她喜欢画的那种。克拉拉骑自行车来找他们。他们在奥弗贝克夫妇家用晚餐，饭桌上，保拉坐在里尔克旁边，他跟她聊了许久。听奥扎解释讨好动物是何等难事。假如你偷偷拿走蜘蛛随身携带的卵囊，它会立刻大惊失色；直到你把卵囊重新放回蛛网，它才如释重负，诧异的模样似乎在想：难道之前我没从这里经过？"我永远不会忘记莫德松讲述这些事情的方式，透过他圆睁的双眼，几乎可以看到蜘蛛的一举一动，他比画着双手，模仿蜘蛛如何将卵囊重新背在背上。"里尔克向露写道。

保拉，她的日记中写了些什么呢？她笔下的里尔克"亲切、苍白……有细腻的才情，温柔而敏感，长着一双动人的小手"。他与"大块头"卡尔·豪普特曼（Carl Hauptmann）唇枪舌剑，奥托的这位朋友高谈阔论起来简直像在角斗。其间，以诗祝酒，开怀畅饮，"直到聚会结束，他俩仍然无法相互理解"。关于当天晚上的聚会，里尔克写道，难以忍受"德国人聚会的最终结局……即所谓的滑稽诙谐"。

里尔克是一个不喜欢男人的男人，只有罗丹是个例外，他气概阳刚，堪称雕塑家的楷模，贵为受人膜拜的图腾。里尔克喜欢女人，喜欢女人的陪伴。否则，他宁可独处，同时幻想着三两女友的芳容。

*

1900年，秋分的夜晚，克拉拉与保拉去给邻居家的山羊挤奶。这是一个魔幻之夜，两人笑得花枝乱颤。男士们醉意醺然地等着她们。保拉把一个粗陶杯放在里尔克面前，杯里盛着漆黑的乳汁。

这漆黑的乳汁，历经了四十五年和两次世界大战之后，幻化成保罗·策兰①最著名的诗作《死亡赋格》②（ *Fugue de mort*, 1945 ）。

> 清晨的黑牛奶我们傍晚喝
>
> 我们中午喝，早上喝，我们夜里喝
>
> 我们喝呀喝
>
> 我们在空中掘墓，躺在里面甚是宽敞
>
> …………

① 保罗·策兰（Paul Celan, 1920—1970），生于一个讲德语的犹太家庭，父母死于纳粹集中营。策兰本人历尽磨难，于1948年定居巴黎。策兰以《死亡赋格》一诗震动战后德语诗坛，之后出版多部诗集，达到令人瞩目的艺术高度，成为继里尔克之后最有影响的德语诗人。1970年4月20日左右，策兰在巴黎塞纳河上从米拉波桥投河自尽，他的自杀以一种非常沉重的方式，回答和了结了历史浩劫带给个体生命的重负。

② 《死亡赋格》是保罗·策兰创作的一首德文诗歌，以对纳粹邪恶本质的强力控诉和深刻独创的艺术力量震动了战后德语诗坛，在德国几乎家喻户晓，成为"废墟文学"的代表作。

策兰在奥斯维辛解放三个月后写下这首诗。这首诗与普里莫·莱维①、埃利·威塞尔②、夏罗特·德尔博（Charlotte Delbo）等人的伟大证言相辅相成。凡是读过这首诗的人，将为之改变。

1942年，里尔克去世多年之后，《青春日记》在德国出版。他笔下的德国是一个由年轻姑娘和玫瑰花组成的国度，是一个充盈着幻想和变形的国度。里尔克继承了霍夫曼（Hoffmann）的衣钵，他翻译俄罗斯故事，阅读果戈里，他在幻想和语言之间旅行，露·安德烈亚斯·莎乐美就是他的天际线——尼采的妹妹（1933年7月加入纳粹作家协会）斥其为"芬兰犹太女人"③。1942年，是第三帝国的

---

① 普里莫·莱维（Primo Levi, 1919—1987），犹太裔意大利化学家、小说家。莱维是纳粹大屠杀的幸存者，曾被捕并关押在奥斯维辛集中营长达十一个月，受尽折磨，直到苏联红军于1945年解放了这座集中营，他才重获自由。莱维在1948年出版的处女作《如果这是一个人》中记录了他在集中营中的生活。

② 埃利·威塞尔（Elie Wiesel），美籍犹太人作家和政治活动家。"二战"期间，他和三个姐姐以及父母被送进奥斯维辛集中营，最后只有他一人生还。他的写作主题是关于大屠杀的记忆。1958年出版的自传《夜》与《安妮日记》并列为犹太人大屠杀的经典作品。

③ 露是原籍俄国的胡格诺教徒。——原注

凯旋之年，是领土扩张的巅峰之年。出版商因塞尔（Insel）究竟意欲何为？要在纳粹合唱的交响中，让世人聆听不同的声音？抑或为了巩固读者的幻想——对那个永恒的、健康的、纯洁的、异性恋的德意志，对那个遍地森林、地锦和玫瑰园的德意志的幻想？

> 金发的玛格丽特
>
> 灰发的舒拉密兹
>
> …………①

连接策兰和里尔克的是一条纵贯两极的子午线，条条子午线贯穿地球。从里尔克的一点到策兰的一点，架起一座凌空跨越德意志的桥梁。他们把德语翻译成另一种德语。他们将德语带往别处，使它在那里获得拯救。里尔克，1875 年出生在捷克斯洛伐克，波西米亚的布拉格；策兰，

① 克拉拉的一位女友去世时，里尔克曾写道："永恒的玛格丽特，你注定英年早逝，死时仍是一头金光熠熠的华发……" ——原注

另：玛格丽特（Margarete）是典型的日耳曼人名字，而舒拉密兹（Sulamith）则是典型的犹太人名字。保罗·策兰用"金发的玛格丽特"和"灰发的舒拉密兹"来暗示不同种族，象征犹太人与日耳曼人两股敌对的力量。

1920 年出生在罗马尼亚，布科维纳（Bucovine）的泽诺维奇（Czernowitz）。在里尔克与策兰之间，是"那曾经发生的一切"。策兰如是指称欧洲犹太人的覆灭。从一者到另一者，死神改变了德意志。

*

里尔克在画室见到的保拉："姣好，纤细，如百合初绽……必得走过不见尽头的漫漫长路，方可到达这永恒的瞬间。我们四目相对，因惊愕而微微战栗，好像两个人儿突然来到一扇门前，上帝可能就在门后，顿时……我夺路而逃，遁入荒原。"

逃跑途中，里尔克撞上了克拉拉。"轻盈的克拉拉，宛如一根熠熠的青芦……纯洁无瑕，亭亭玉立。远远望去，谁能不被她的美貌折服而彻底沦陷。"

邂逅一个女人，对里尔克来说，宛如一趟异域之旅。他像飞机一样起飞，被某种比他自身更伟大的东西吸引——天空、美貌。他向高处坠落。

保拉、克拉拉、赖内·马利亚，三人的华尔兹在荒原上舞出魔力的圆圈。重新着陆时，里尔克满怀**虔诚**。虔诚（原文德语"Fromm"，意为"虔诚的"）：这个词频繁出现在里尔克和保拉笔端。这个词标志着一个时代。1900年，是他们的青春年华。借由不莱梅的保拉和布拉格的里尔克，**虔诚**在沃尔普斯韦德随风飞舞。虔诚，两人借此挣脱宗教的牢笼，回归童年与神圣。虔诚使他们看见不可见之物。

相遇为我们打下烙印，于是，我们变成了留言簿。我们学着吐出所爱之人赠予的字眼。当里尔克再次见到保拉，"她的声音好像丝绸打了褶"。

*

保拉奋起反抗当时文化中盛行的死亡美学，她向里尔克道："您能接受我的这个观点，是吗？事实上，我要请求您接受我的一切。"

*

我叫她保拉，却称他里尔克。若要把他叫作赖内·马利亚，我实在做不到。尤其是保拉，如何称呼她才好？是用她婚后的姓氏，即按照艺术品目录上的署名，称之为莫德松-贝克尔？还是像不莱梅博物馆那样，称之为贝克尔-莫德松？抑或用她做姑娘时的姓氏，即她父亲的姓氏，称之为贝克尔？

"朴实、正派的贝克尔"在德国是一个寻常姓氏。保拉·贝克尔是一个姑娘的名字，她的父亲姓贝克尔，家人给她取名保拉。

女人没有姓氏。她们只有一个名字。她们的姓氏无非是一个过渡性的、不稳定的、短暂的、借用的符号，但她们找到了其他标记。她们在世间获得的肯定，她们的"存在于斯"，她们的创作，她们的署名，皆取决于此。她们在一个男性世界里强行创造自我。

*

他们谈到克拉拉和天鹅。他们有关于戏剧的漫长谈话①。对克拉拉童年的回忆。里尔克计划留在沃尔普斯韦德，像她一样，领略季节变换。保拉的头发呈现天空的颜色，傍晚昏黄的琥珀色。克拉拉骑着自行车，气喘吁吁。

"我久久地向她示意。"瞧啊，里尔克多像花束中间挺出的一根长茎，站在红色天鹅绒四轮敞篷马车上致敬，车上满载"硕大的向日葵、透明卷边的红色大丽花和紫罗兰"。看这些魔法师如何用鲜花和花环编织世界吧。前一天，克拉拉为他戴上欧石楠花冠。他双手紧握花冠。"在我对面，坐着那位金发女画家，头戴一顶时髦的巴黎女帽"。帽子下的双眸好像怒放的玫瑰。从一个姑娘到另一

---

① 《有关物的韵律的笔记》（*Notes sur la mélodie des choses*）由此写成。——原注

姑娘的螺旋曲线，红玫瑰和白百合，花瓣下藏着一颗颗有血有肉的心。那年秋天，我们从没缺少过玫瑰……

里尔克向保拉道："您善良而圣洁……您善良而圣洁……当我第三次向您说出这句话时，就再也不能收回了。"

十月，艺术家村全体来到汉堡，上剧院，参观博物馆，散步，闲谈。十一月，里尔克有两个星期天寄诗给保拉，一个星期天寄诗给克拉拉。克拉拉让他提着一篮葡萄。保拉让他扛着几根栗树枝，他仿照天主教徒拨动念珠祈祷的样子，数着树枝上的栗子祷告，"我模仿这虔诚的举动，一股柔情系着您，另一股思绪飞向克拉拉·韦斯特霍夫，两股温柔的情思"。

*

里尔克对姑娘家理应是个什么样子有非常明确的想法。她不仅要善良、圣洁、美好、纯洁，而且既要是金发，又得是棕发。

所谓美好、纯洁、圣洁、善良，就是同时拥有那两个姑娘。她们天真无邪，仿佛两根枝头绽放的花朵，肌肤娇嫩如花。里尔克自创了一种抚爱：他把一朵玫瑰放在眼睛上，让清新的花香徐徐沁入眼皮。

三位友人相互传阅一本迄今已被遗忘的精彩的丹麦小说，那就是延斯·彼德·雅克布森（Jens Peter Jacobsen）的《尼尔·律内》（*Niels Lyhne*）。尼尔·律内追求纯洁，他明知自己是白日做梦。对女性的欲望如此真实，真实得令他苦不堪言。小说讲述了一对年轻夫妇因为对性深恶痛绝，最终在峡湾尽头的一座农场里玉石俱焚的故事。

听听新娘是怎么说的吧："女人的纯洁，无非是又一桩吹毛求疵的蠢事！这是什么违背天性的鬼主意？莫非疯了不成？为什么您一手把我们擎上天，另一只手却让我们坠向地面？难道不能让我们在这片土地上和男人并肩而行？如此吹嘘一通，我们竟连踏踏实实地走路也办不到了……让我们清净一会儿吧，看在上帝的分上，就让我们清净一会儿吧！"

*

邂逅、波折、恋情，以及保拉多年来精心构建的一切——孤独。代表着位于村口的布林耶斯家的画室一个纯属自我的地方。

"麦肯森说力量是最重要的东西。力量是一切的源头……尽管并不反对这样的观点，但我很清楚它不会占据我艺术的核心。我感觉自己身上有一根温柔的线，微微颤动，恰似休憩时翅膀的翕动，屏息敛气。等我真正有能力画的时候，我要把它画出来。"

保拉把附近乡下的村民当成作画的模特。她从不给作品加标题——直到她去世之后，福格勒才整理出她的第一份详细的作品目录：《坐着的女人》《老农妇》《站着的小女孩》——但却会在日记中详加描述："迈耶尔太太那对又白又大的乳房好像米罗①的维纳斯的胸脯一样熠熠生辉，甚至连指尖都透着性感"，因为虐待亲生骨肉，她曾经坐过牢；另一位画了足有"上百遍"的年轻母亲，被她戏称为"我的金发女人"；还有安娜·伯切尔、伦肯太太，以及"恍若从鲁本斯②的画里走出来的"胖丽莎。她画孩子，尤其是小女孩的裸体画像。梅塔·斐约尔真是个小鬼头，直到付了她一马克，才极不情愿地脱掉衣服。孤儿院和老人收容所里的模特大都膝盖外翻，撅着肚子，耳朵脏兮兮的。老奥尔赫特、老扬·科斯特、一边摆造型一边旁征博引席勒（Schiller）诗文的老冯·布雷多、施罗德大妈。老施密特夫人情不自禁地讲述失去五个孩子和三头猪的往事，还把八岁时就夭折的女儿亲手种的樱桃树指给她看，嘴里喃喃念诵着一句古老的德语谚语："树长高了，

---

① 胡安·米罗（Joan Miró, 1893—1983），西班牙画家、雕塑家、陶艺家、版画家，超现实主义的代表人物，和毕加索、达利齐名的 20 世纪超现实主义绘画大师之一。

② 彼得·保罗·鲁本斯（Peter Paul Rubens, 1577—1640），佛兰德斯画家，巴洛克美术的代表人物。

人却走了。"①

　　这些画中人，他们曾经存在于斯。交汇的生命随即擦肩而过——她曾经给予他们的，他们曾经给予她的。为画画而摆一次姿势的时间很长。"我的屁股已经木了。"一位上了年岁的模特对她说。那些脸庞，那些躯体，曾经出现在荒原上，而后深埋于沃尔普斯韦德的泥炭之中。

*

　　保拉给里尔克写信时，既不提大胸脯，也不说麻木的屁股，而只讲他们"在月光下度过的美好夜晚"。"我时常念着您。"她最后写道。她在脑海中牵着他的手，签下"您的保拉·贝克尔"。他们彼此以您相称，始终如此。他喜欢她那间百合花盛开的画室。她把墙壁漆成天青石和绿松石的颜色，中间隔着一条红色分界线。"走出屋外，便是浩瀚的夜色。"

---

① "Wenn de Bom ist hoch, is de Planter dot." ——原注

他去柏林时，她请他顺道去看望她的表姐妹梅德丽（Maidli）。小时候，在德累斯顿（Dresde），梅德丽的姐姐科拉（Cora）在采沙场被活活掩埋，平日她们总在那里玩耍。"她临死时，梅德丽和我把脸藏在沙里，不去看那我们预感到正在发生的可怕一幕。"那年，科拉十一岁。她曾在爪哇生活过，是她为保拉点亮了"第一缕觉悟之光"。

人们为何把隐秘的心事和盘托出？会选择怎样的对象？那往往是在一段爱情故事的开端。假如你是保拉，当你给赖内·马利亚·里尔克写信的同时，缔结的亦是一份关于艺术和感伤的契约。

*

诚然，她也向他说起奥托·莫德松。她欣赏这个男人的画，他的灵魂"深刻而美好"。这是一个宠儿，一个她想捧在手心里呵护的男人，一个她愿意对他好的男人。

如果说里尔克还不明白的话，那是因为他不想明白。

保拉已将婚礼细节安排妥当。一切从简，她向父亲写道："您知道，奥托和我都是理智的人。"9月12日，在海因里希·福格勒家举行订婚典礼时，他们"只开了一瓶红葡萄酒"。海因里希固然讨人喜欢，却一反常态，显得局促不安，她如是告诉父亲。在她看来，他似乎担心这场仪式会带来麻烦。

"奥托是那么纯朴，那么深刻，使我随之变得**虔诚**。"她向玛丽姨妈写道。这个与里尔克共同分享的字眼再次大放异彩。"我这个人太过复杂，总是一惊一乍，他宁静的双手对我裨益无穷。"

*

11月10日，里尔克为保拉写就了美轮美奂的《新娘的祝福》(*Bénédiction de la mariée*)。保拉终于把自己与奥托订婚的消息告诉了他。

12月，年轻的诗人沉浸在所谓"耻辱"之中。一整个秋天围着两个姑娘打转转，这样的经历过后，他理所当然要去找姑娘。酒精，"邪恶之火"，"虚掷的光阴"，"黏腻的双手堂而皇之地放在那曾因虔敬而从不敢触碰的东西上"。

露前来探视。情况稍有好转。和露一起去看戏，他重新幻想生活是伟大的。他为她作了一首诗，一首精心雕琢而又朴实无华的祷词。"我要把它记录下来，留作纪念。愿上帝助我一臂之力。"

他娶了克拉拉，一念之间，一时冲动。这是为了梦想的天伦生活，为了荒原上的小屋。"一枚金指环，阳光普照的清晨。"

*

1901 年堪称新婚之年：保拉和奥托，克拉拉和赖内·马利亚，海因里希·福格勒和玛莎。

一旦把里尔克、奥托、保拉以及克拉拉的日记并置在一起，纰漏就会显现出来。有的人对别人谈及的事闭口不提，或是说法不尽相同，他们所用的方式造成了更多出入。这些日记本身也是千疮百孔。至于业已出版的部分，其中的时间断档是由于页码遗失，还是人为省略所致，抑或根本没写过，那就不得而知了。在我看来，尽是语焉不详。

　　意欲调和生命与话语的，竟是逝者的言说。只有里尔克用近乎与秒数等量的词语覆盖了时间。[①] 深夜，白昼的是是非非告一段落，他在一个空想的虚构世界里彳亍而行，与公主、幽灵、荒原木乃伊、黑乳汁结伴同行。

　　透过这些缺口，轮到我来书写这段往事，其实这并非保拉·莫德松 - 贝克尔真实经历的人生，而是一个世纪之后，我从中感悟到的一条轨迹。

[①] 他的书信有相当大一部分尚未在法国出版。每当写作遭遇"瓶颈"，里尔克便提笔写信。——原注

*

　　1900 年，婚礼之前的整个秋天，保拉·贝克尔与激情澎湃的奥托之间，情书你来我往。她想要继续做她的"小圣母玛利亚"，恳求她的"红胡子国王"专心从事艺术创作："让您热血沸腾的破坏欲再稍微多睡一会儿吧……这周我们要好好画画，好吗？"她答应周六与他见面，像乖孩子那样："好好睡觉，乖乖吃饭。您愿意吗？哦，您啊！"他们应该先采下爱情花园里的成千上万朵花，然后再在恰当的时候，摘下那朵娇艳而深沉的红玫瑰……

　　不，在沃尔普斯韦德，那年秋天，并不缺少玫瑰。保拉在日记中恣意倾泻她的文学激情。她读过梅特林克[①]和里尔克，但他们对她的文字的影响远不及塞尚和高更对她的绘画的影响。写起信来不偏不倚又不失风趣的她，一下步入欲望的国度。在那里，太阳雄踞苍穹，银

———————
[①] 莫里斯·梅特林克（Maurice Maeterlinck, 1862—1949），比利时诗人、剧作家、散文家，1911 年诺贝尔文学奖获得者，其作品主题主要关于死亡及生命的意义。

白的日光与她的金发交互缠绕，舞刀弄剑，高呼荣誉与创作……天鹅与公主的象征将她诱入圈套，宛如一只被重油污染的海鸥，凌空坠落。

*

举行订婚仪式时，埃莱娜去世才刚四个月。福格勒觉得别扭之处就在于此：红、白两事间隔如此短暂。

保拉在家信中正式宣布了这个消息。婚礼日程如期推进。11月，她向亚瑟舅舅（慷慨的出资人）写道："我们打算明年举行婚礼。去年春天，太太去世后，他对生活和爱情双双失去了兴趣。正是在那个时候，我们两人发现了彼此。"

行笔至此，不禁想起埃莱娜·莫德松，即奥托·莫德松的原配夫人，她因结核病病故，时年三十二岁。20世纪伊始，艺术家圈子里的往来书信保留下了她的些许痕迹。我只见过她一张照片，与奥托并肩站在一起。清澈的双眸，圆发髻，是个瘦瘦高高的可人儿。至于她娘家姓什么，我就无从得知了。

*

沃尔普斯韦德，2014年夏天。云影与天光轮番交替，大地如同湖面一般光影斑驳。河渠纵横交错，波光粼粼。我竭力用视觉去捕捉曾经映入保拉眼帘的一切；倾斜的桦树，黑白相间的树干倒映在湛蓝的运河里，天空像刀一样直插水中；散落的红色屋舍、奶牛、旷野。牧草已经收割完毕，这里的夏天几乎不像盛夏时节。

没有月亮的夜晚，一团漆黑，伸手不见五指。沙地里亮起一道磷光。树下聚集着大团温暖的空气，走进去，仿佛钻进黄油里一样，青草和夏日的气息扑面而来。待重新返回星空下，不禁凉意顿生，像截然分明的两个季节。

也许有人会说，一切都未曾改变。然而，在保拉的德国和眼前这个德国之间，横亘着第一次世界大战和1933

年[1]，以及第二次世界大战和那"曾经发生的一切"。德意志一分为二，而后又合二为一，即便森林亦不复是同一片森林。

泽巴尔德[2]在《异乡人》(*Les Émigrants*)中写道："每当忆起德国，她就像个疯疯癫癫的玩意儿浮现在我脑海里……德国，诸位有所不知，在我看来是一个滞后的、摧毁殆尽的国家，在某种程度上超乎领土概念之外。那里的人们面容精致，却又一团模糊，甚是骇人。所有人都戴着与衣着毫不般配的帽子，例如飞行员帽、盖帽、礼帽、护耳帽、缠头带、手织羊毛便帽。"

保拉气色红润，她的帽子可多着呢。截至她那个年代，德国一切正常。是的，1900年，对海因里希、玛莎、弗里茨、奥托等人而言，德国一切正常。这是一个"伟大、淳朴、

---

[1] 1933年希特勒上任德国总理，"二战"的欧洲策源地形成。

[2] 温弗里德·格奥尔格·泽巴尔德（Winfried Georg Maximilian Sebald, 1944—2001），当今最有影响的德国作家之一。《异乡人》是其最有影响力的作品，讲述了四个被迫离开家乡的犹太人的故事。

高贵"的国家，正如里尔克在致莫德松夫妇的祝语中所描绘的那样。

*

结婚可以，但保拉父母提出一个条件，那就是女儿必须去上烹饪课，免得以后落下话柄，说贝克尔小姐成了家，却不知道怎么填饱丈夫的肚皮。

她答应了，奥托也同意。大家一致赞同。这样的安排任谁也挑不出毛病。保拉·贝克尔放下画笔，在柏林的一个姨妈家安顿下来，准备在烹饪学校上两个月课。

柏林，1901 年。厨艺先从土豆练起：去皮的、带皮的，煮的、烤的，裹馅的、泥状的，清汤的、凉拌的。接下来是炖牛肉、做肉排、烩牛肉，一节胡萝卜专题课，之后是甜点。保拉不无讽刺地向奥托汇报上课的情况，描绘自己周围的社会。她用宿命论的笔触勾勒那些"一心一意地扮演自己的社会角色"的人们。她居住的舍恩贝格区

（Schöneberg）属于高档街区，这不禁令她怀念起巴黎的拉丁区：她感觉自己就像温室花丛中的一枝野花。即便置身于不穿紧身胸衣的女人之中，她也感到格格不入：并非她对那玩意儿有什么特别看法，而应该是（照她的说法）"即便不穿，也不能让人看出来"。"胭脂香粉，虚荣自负"，相比之下，她更怀念乡间的纯朴。这里，只有壁立的围墙。她想念桦树和蔷薇，渴望画画。这样的"烹饪世纪"她绝对忍受不了八周以上，即使有表姐妹梅德丽陪她参观博物馆也不行。

即使有里尔克做伴也不行。那时，他恰好也在柏林。另一方面，奥托和克拉拉时常在村里见面。对于这段"四人行"，身在其中的每一分子无不期待它一直延续下去。

第一次约会，里尔克向保拉详细说明了路线，信里还配了一幅平面图。电车每二十分钟一趟。他打趣道："饭做得怎么样了？"她前脚离开，他便迫不及待地再次提笔写信。午夜，绿色的电灯下，他什么也没动，原封不动地保留她的存在。他望着种种熟悉的物品：茶炊，土耳其地毯，来自意大利阿布鲁佐的毛毯，印有他家族纹章的绿色与金色相间的珍贵织物。剩下的那个她亲手切的水果——她切水果的姿势美极了——他把心儿里剩的果肉吃了，这一口竟"滋润了他的声音"。

"我们何时再见？每周日？"

每周日，他们如约相见。她给他寄去"一样小东西，是借给他的"，但愿他收到那个大信封时不要吓到才好：那是她的素描集。里尔克"只许从黄花那里"往后看，因为在那之前，根本不是她。反之，从那之后，又太是她了。她生怕人家说自己的艺术平淡无奇，但是他，他是懂她的，不是吗？他将会看到，1898年，喜悦与忧伤如何在她身上针锋相对。那年，她二十二岁，正在挪威纳姆森河畔吹着蒲公英。她把粗壮笔挺的桦树，比作富于男子气概的坚强的现代女性。她唯恐错失了人生里头二十年光阴岁月。后来，她亲眼看见海因里希·福格勒爱上玛莎，但却认定他们的关系太过娇弱，耽于幻想，根本无法负担婚姻的重荷。

里尔克寄来一封慷慨激昂的回信。这本厚厚的画册是掩藏在词语之下的一件珍宝，是一根断裂的珍珠项链，他拾起遗落的珠子，其中有一颗滚丢了，这颗遗失的珠子照亮了他的房间。不，她并未错失自己的头二十年光阴——那位可爱、正直的朋友。她没有遗失任何可堪抱憾的东西。她不受世事干扰。她必将在自己的艺术中感受到这一点。"从前是这样，如今仍是这样，未来将会依然如此，这已经渗透进我们的身体，渗入我们的孤独，渗入那份静好的岁月。"

保拉身边很少有人像里尔克那样向她谈及她的艺术。或许，连一个这样的人也没有。他赞赏她的自信与力量。"我被您这位女艺术家吸引来了。"（女艺术家原文德语：die Künstlerin。）她给他看的那些画，正是她自身所蕴藏的光芒和生命力的体现。他本该主动请求她把画拿给他看。一条河、一座桥、一片天：当她与他在画室里闲谈时，这幅画就挂在她身后。那时他一心要"把她说的话看进眼里"，只顾不错眼珠地盯着她，而今却分外怀念起那幅画，但记忆已变得模糊不清。幸而，他还记得另一幅，"姑娘们围着一棵粗壮的大树跳圆圈舞"的那一幅。那色彩，那呈现得完美无缺的动作，倾斜的身姿，环绕着宁静的大树的双手。"令人欣慰的是，就在您准备茶点的工夫，我的双眼，有意无意地，被那幅画面填满了。"

任何一方都没有结婚的打算。单从两人的通信来看，他俩竟仿佛世间唯一的存在。那些美好的周日，如此贞洁，如此热烈，如此虔诚……

后来，有一天，里尔克的一封来信中，赫然出现了克拉拉的名字。下周日，保拉再来时，美丽的克拉拉可能也会在。"您仍会给予我同样的时间，对吗？或许再多一小时？"

*

至于奥托，因为她把那么精彩的素描藏起来不给他看而信誓旦旦地要惩罚她，至于怎么个罚法儿，"且让她自己想去吧"。奥托的口吻算不得**虔诚**。他抱怨保拉从不与他谈情说爱，反而总把画画挂在嘴边。他那些火辣辣的情书，付邮时可谓千般小心：信封由好友福格勒代写。在公开的明信片中，这对未婚夫妻仍以"您"相称，"莫德松先生"和"谨致敬意"之类字眼跃然纸上。保拉觉得如此大费周章未免荒唐，生怕福格勒频繁来信引起姨妈的疑心。但为了爱情，她宁愿一试。她提到孩子，谈及里尔克为她朗诵的《耶稣降临节》（*Annonciation*）。她让他双手合十，保持安静，但愿她的气息能为奥托带去她不知如何诉诸笔端的一切。时而，她会情不自禁地为他送上"一个热辣的吻"："这就是，我的情书。"她说处女的羞涩牵绊着她。她说宁愿保持这份贞洁，怀着虔诚之心，直至"掀起盖头的最后一刻"。她说自己买了几条"颇具喀耳刻① 风格的"睡裙。有天晚上，她告诉他说自己正一丝不挂地裹着睡裙给他写信，不禁感觉小腹冰凉。

后来，她说累了。他就让他的小未婚妻冬眠吧，静

---

① 喀耳刻（Circé）是希腊神话中的一位美丽的仙女，精通巫术，住在地中海一个叫埃埃厄的小岛上。旅人路过该岛受她蛊惑，就会变成牲畜或猛兽，并马上被送到畜栏。

待春天来临。她不想再说了。

她让他寄一张埃尔斯贝特（Elsbeth）——他与埃莱娜的女儿——的照片给她。再寄五十马克来，她想买一条柏林款式的小连衣裙。不过，如果他手头拮据，咳，她也不会介意。

五十年后，拉康①声称，男女之间，无所谓性关系。确切地说（他第一次发表这一言论时），无所谓可以书写的性关系。

那条小连衣裙，就是她的新娘礼服。

*

父亲在信中语重心长地叮嘱保拉：一旦结了婚，她必须服从丈夫的意志，学习淡忘自我，维持融洽的夫妻关

---

① 雅克·拉康（Jaques Lacan, 1901—1981），法国作家、学者、精神分析学家，也被认为是结构主义者。

系是妻子的分内之事。像她这样的利己主义者，务必抛弃任何自私自利的想法，比方说，奥托本来有一栋舒舒服服的房子，可她偏要让他搬到一座破旧的农庄去住，一心想在那里塞满破破烂烂的老古董，这就是典型的自私自利。她之所以固执地坚持这个想法，无非是为了仿效福格勒。

沃尔德玛尔·贝克尔（Woldemar Becker）是个多愁善感的人。当时，他已身患重病。他想给女儿一千马克作为嫁妆，对这位铁路退休职工来说，那可是一大笔钱。保拉争取把聘礼降到二百马克。她还请求奥托去探望病中的父亲。她明知，这样的要求未免过分，那意味着要牺牲一整天的画画时间。但是，他可不要忘了，为了学厨艺，她牺牲的可是八周时间。

她的家人，尤其是母亲，希望她延长学习厨艺的时间。"母亲，我已经非常用功了。行行好，放了我们吧，请别把我们囚禁在压抑的环境里吧。"她的灵魂"嗷嗷待哺"。她渴望**崇高与美好**，期待能在与奥托的婚姻生活中找到它们。她厌弃驿动不安、中规中矩的城市生活，崇尚工作和家庭生活，这与里尔克婚前的观点如出一辙。她天真地告诉奥托，她无比渴望重新躺在自己的小床上。

*

1901 年 5 月，奥托和保拉周游德国，以此作为蜜月旅行。柏林，德累斯顿，后来在布拉格稍作停留。游览苏台德地区，拜访好友卡尔·豪普特曼。他们认为施雷博豪（Schreiberhau，即今斯克拉斯卡波伦巴，波兰著名滑雪胜地）旅游气息过重。他们在施倪格鲁本博德（Schneegrubenbaude）登临巨人峰（les monts des Géants，位于今捷克与波兰边境）——易北河即发源于此。那是《凡尔赛条约》签署之前的德国，辽阔的德意志帝国。

但对他俩这样习惯了旷野的人而言，群山并无些许意味。他们直奔慕尼黑，最后来到达豪（Dachau）。如今，达豪可谓一处响当当的蜜月旅行胜地，但在当时，让这座小城名震一方的则是它的艺术家村，那是仅次于沃尔普斯韦德的最具规模的艺术家村之一。

奥托是一位成功的画家。他刚刚售出一幅题为《林中女子》(*La Femme de la forêt*)的油画,售价两千马克。保拉欢天喜地地给父母亲寄了一张明信片,向他们报告喜讯,明信片上画着一溜装满金子的荷包。奥托也寄出几张蜜月旅行的卡片,画中的保拉一身旅行装束,在柏林的穹顶和教堂的衬托下,显得分外优雅;或是穿着睡袍,忙着在他们布拉格的房间里捉跳蚤。

保拉的家信中,欢快之情溢于言表,尽管其间不乏怪异的隐喻:"大浪险些吞没他们",这趟环游,好像一副"铁项圈"把他们箍得紧紧的。她需要一个人走走,"熨平心头的不平"。她累了,一心盼望重新投入工作。

显然,关于新婚之夜,以及第二夜、第三夜,她只字未提。至于那些喀耳刻风格的睡裙效果如何,也再未提及,只有跳蚤算是例外。像克拉拉和保拉这样的"准处女",她们所掌握的解剖学知识远远胜过20世纪初绝大多数德国布尔乔亚女青年。她们曾经亲笔描绘过沃尔普斯韦德贫苦的母亲们和她们病痛、变形的躯体。

12月，父亲去世时，保拉出嫁才刚八个月。玛莎·福格勒和克拉拉·里尔克双双怀上了宝宝，但她却在日记中写道，自己还没准备好，更何况还有埃尔斯贝特——奥托四岁的女儿——两人之间渐渐有了感情。

热烈的红发国王和娇俏的小圣母之间的婚姻似乎"消费"得颇为艰难。从两人通信的字里行间判断，正直的奥托，就像一列蒸汽火车头，渴望着那样"最珍贵的东西""我们爱情的巅峰""那份朦胧的、芬芳的幸福"。按照保拉的描绘，那是一个花团锦簇、丝滑柔顺、羽翼翩翩的形象。但是，假若这一切隐喻的背后是一个婴儿呢？如果"性无能"的一方是奥托呢？五年后的1906年，当保拉终于向她道出隐情之后，克拉拉迫不及待地写信向里尔克转达了个中详情。

无论婚姻"消费"（consommé）得如何，昔人已逝。听到"consommé"这个词时，我不禁联想到肉汤①和从汤

---

① 此处是利用法语同音异义现象所制造的一个文字游戏，原文"consommé"若作为动词用，意为"消费、消耗"；若作为名词用，意为"肉汤"。

面一掠而过的眼眸。与其如此，我倒是宁愿欣赏保拉的画。

　　消失的躯体，早已化作尘埃。欲也罢，念也罢，已与肉身一道灰飞烟灭。

（三）

年轻的妻子

真正的孤独莫不是完全敞开的吗？

即便十指相扣，

漫步于青草丛中也无济于事。

"亲爱的克拉拉·韦斯特霍夫，难道你就不想到我在布林耶斯家的小画室来坐坐吗？这里有的是东西等着你呢，其中包括一位年轻的妻子。等待对她而言变得如此漫长，如此忧伤。我是你的保拉·贝克尔。"

柏林，天气露出转冷的迹象。厨艺学习好像一个世纪那么漫长。周日，保拉照例去里尔克家拜访，在那里遇见克拉拉。后来，她走了，克拉拉留了下来。想必就是在那一天，她才终于得知，或者说才终于明白过来，他俩订婚的事。

1901年秋，克拉拉·韦斯特霍夫正身怀六甲，保拉的那封信如同石沉大海。日记中如是写道："从今往后，克拉拉·韦斯特霍夫便是有夫之妇了。看来她的生活中已经没有我的份儿了。当务之急，我务必习惯这一点才好。心好烦，从前和她一道是那么美好啊。"

突然，在一封措辞激烈的来信中，保拉责怪克拉拉心胸狭隘，为了爱情而宁愿牺牲友情，沉迷于婚姻而抛弃了自我，"情愿像一块抹布似的任由她的国王践踏"，但愿她的女友"重新穿上她的金斗篷"。她把矛头直指里尔克，向他兴师问罪，逼他做出交代，并且加盖他那枚精致的彩色图章。她说绝不会轻易饶过他。她还说自己的那颗心是一颗忠诚的、纯朴的德国人的心，他没有任何权利践踏它。她谴责他用金链束缚了她的灵魂，而她的心却像《第九交响乐》一样洋溢着深情厚谊"。她指责里尔克故弄玄虚，他暧昧不清的态度伤害了他们："我丈夫和我，我们都是单纯的人。"

信虽写得不无幽默，效果却是生猛的。

里尔克回信说不懂保拉在说些什么："什么事也没发生，或者毋宁说，发生了许许多多好事，误解的根源在于您不肯接受既成事实。"他责怪她不懂得欣赏克拉拉的全面成长。她之所以欣赏这位女友，不正是因为她的与众不同和孤独吗？克拉拉天性高远，特立独行，超然世外。保拉此刻的美是她这位高贵的女友早已超越的阶段。在新的孤独中，终有一天克拉拉会敞开大门迎接她。届时，他本人出于尊重，将会待在门外。这才是夫妻，这才是友谊。

保拉哑口无言。她将沉默许久。三个月后，她在日记中扪心自问，门扉遮掩的孤独算得了什么；真正的孤独莫不是完全敞开的吗？即便十指相扣，漫步于青草丛中也无济于事。

至于奥托，里尔克的回信令他怒火中烧。那个关于门的比喻在他看来无异于故作风雅，他对克拉拉的超然境界颇不以为然。归根结底，里尔克是"非德国的"（原文德语"Undeutsch"），这就是保拉给他下的断语。当时，这个字眼广为流行，日后却将酿下惨痛的苦果。它代表着非雅利安、娘娘腔、颓废、犹太人等一系列概念。自 1933 年起，纳粹开始焚毁**非德国的**书籍，茨威格、弗洛伊德、布莱希特、马克思、雷马克、海涅、纪德、普鲁斯特、罗曼·罗兰、巴比塞①、多斯·帕索斯、海明威、高尔基等人皆未能幸免。

① 亨利·巴比塞（Henri Barbusse，1873—1935），法国作家，受家庭影响从小爱好文学，1895 年出版诗集《泣妇》，从此献身于文学事业。他一边从事杂志编辑工作，一边创作长篇小说《哀求者》（1903）和《地狱》（1908）。

奥托是唯一赞同不莱梅博物馆收购梵·高的一幅作品的艺术家，理由就在于艺术是厘清民族界限的准绳。

*

1902年1月2日，保拉依惯例向豪普特曼夫妇致以问候，顺带向身边新添的三个新生命贺喜：里尔克家、福格勒家，以及另一位刚搬来不久的画家保罗·施勒特尔（Paul Schroeter）家，"每家每户的摇篮里都躺着一个女娃娃，真可谓喜事连连"。

1902年1月29日，在《韦斯特韦勒和巴黎日记》（*Journal de Westerwede et de Paris*）中，里尔克留下这样一则简短的注释："疲劳。忧虑。一年前的今天，克拉拉·韦斯特霍夫来到柏林。"

1902年2月，保拉生日之际，克拉拉终于找到机会给她写信，只不过信写到一半不得不中途搁笔。露特·里尔克四个月大了。等这位年轻的母亲重新拾起笔时，她写道："我多么不幸，困守在家里，再也不能像从前习惯的那样，跳上自行车，踩着踏板，飞驰而去。也不能再像从前习惯的那样，把我在这世间仅有的东西裹个包袱，浪迹天涯，四海为家。从今往后，我生活的全部就局限在这栋破破烂烂的房子里，我修东墙，补西墙，整个世界于我而言就是身边这堆杂七杂八的物件。"

弗吉尼亚·伍尔夫在《一间自己的房间》（*Un lieu à soi*）中写道：所谓女子教育，无非是教化她们搁置一己私利，转而去替另一个更自私的人操心。至于那个"更自私的人"是嗷嗷待哺的婴儿，还是一个大男人，倒反而无所谓了。克拉拉·韦斯特霍夫的人生一分为二，从今往后她将作为克拉拉·里尔克而存在。

"克拉拉想给您写信，却因家务缠身，腾不出手来写字。假如您和克拉拉的关系变得模棱而复杂，那都是我的错。是我把新生活的烦恼和重负强加给了这个可亲可爱的人儿。这些陌生的经历令她性情大变。您已经感觉到我们渐行渐远，那是因为我们窘况缠身，苦不堪言。请别忘记，我们的焦虑无法向任何人倾诉。我们不得不离群索居，孤独达到一种无法言说的程度。"次年冬天，里尔克向保拉倾诉道。

莫德松夫妇丝毫没有想到里尔克一家捉襟见肘的窘境。韦斯特韦勒（Westerwede）的小屋离沃尔普斯韦德不远，破破烂烂，四处漏风，主人家身无分文。喂养孩子之余，克拉拉拿出她雕塑家的全副力气，修补破屋。亲戚们看到里尔克既已成家立业，身为人父，便中断了遗嘱中留给他的"学业奖金"。在生活中多方接济他的父亲，而今也遇到了财务问题。他在布拉格的一家银行给儿子谋到一份差事，这对年轻的诗人来说，无异于自甘堕落。

里尔克难以忍受婴儿的哭闹，这让他无法写作。于是，露特被交给克拉拉的母亲照料。一年后，当小姑娘重新见到父母时，竟然认不出他们来了。

*

克拉拉与赖内·马利亚的共同生活仅仅维持了两年不到的时间，他们并没有正式离婚。每年夏天，按惯例，两人会和小露特一道待上些日子。此外，他们还长期保持书信来往。再后来，里尔克才逐渐淡出欧洲大陆。他写道："遇到我是她的不幸，我既不能滋养她的艺术家天赋，又无从唤起她对妻子角色的渴望。"克拉拉和露特母女都没有收到参加里尔克的葬礼的邀请。

临终前一个月，极度衰弱的里尔克以逃到国界另一边相威胁，拒绝与她母女俩见面……

如今，有谁还记得克拉拉·韦斯特霍夫？剩下的无非是那许许多多的信件以及里尔克的日记，还有他们在巴黎共同度过的周日时光。两人只在周日小聚：集美博物馆、卢浮宫、凡尔赛、乐游园……"即便再没有任何恩赐，只要能两人一起散散步也是好的"。……没错，剩下的还有与克拉拉相伴度过的周日时光。

*

里尔克在巴黎安顿下来，撰写一部关于罗丹的专著。他通过克拉拉结识罗丹，不仅担任后者的秘书，还成为他的朋友。他自食其力，收入颇丰。对里尔克来说，罗丹可是个大人物。他是艺术的化身，他所代表的超验的先锋艺术使沃尔普斯韦德的艺术家们相形见绌。莫德松和其他那帮人？无非是些谨小慎微的家伙，囿于艺术家村的小天地罢了。拜访保拉和奥托"毫无乐趣可言"。至于沃尔普斯韦德，"那里的一切于我们而言已成陌路"。

在里尔克眼中，福格勒尤其属于那种徒有其表的艺术家典型。他批评的矛头甚至瞄准这位昔日旧友的一双幼女，其中名叫埃莱娜·贝蒂娜（Hélène Bettina）的小姑娘才刚刚出生不久。里尔克认为这个名字老气横秋，由此断定那女婴也像与她那不幸的父亲发生关联的一切事物一样，也是过时的、陈腐的。这可真是一位"逃兵"父亲的荒谬成见。

1906 年，里尔克买下保拉的一幅画。他选择的是一张小幅肖像，一个小小子，胖胖的小脸嘟下来，像两颗垂垂欲坠的水滴，母亲张开大手，扶着他的肩膀。

*

且看男男女女如何捉对对抗。"与一位女艺术家共同生活，可是一个彻头彻尾的新问题。"里尔克曾在论及克拉拉时如是说道。

至于奥托，他断定，除了自己，没有人能理解保拉。"她成为某人，成就其事，对此任何人都未曾料到……她单枪匹马地争斗，终有一天将会令所有人大吃一惊（正如我一样）。了不起的一天啊！与此同时，她正学着如何做个称职的女主人，在这一点上，她肯定会和福格勒夫人一样出色。"

1902 年 7 月，保拉以果园为背景，给埃尔斯贝特画了一幅肖像，奥托对此赞叹不已。"真是让我刮目相看……她与我之间，有的竞争了。"她对色彩的感觉尤其令他着迷。尽管如此，这位女同道为了追求独立甚至虚荣，而时常疏忽了做妻子的本分，难免让他感到遗憾。

奥托外出探亲期间，保拉在信中向他坦言自己感觉多么自由，无与伦比地自由自在。她多么喜欢独自一人在旷野上漫步。她多么渴望回到巴黎。她直言不讳地指出，他正在画的那幅画，尽管初衷是要创作一幅庄严的作品，却不过是虚张声势罢了。

*

"结婚第一年，我掉了许多眼泪，哭得像个孩子似的……这段经历教会我婚姻并不能使人更幸福。反之，婚姻打破了对灵魂伴侣的幻想。在此之前，这个信念无处不在。在婚姻中，不解的情绪变本加厉。然而，婚前生活的全部无非是为了找寻这样一个理解的空间。与其如此，放弃幻想，直面浩瀚的、孤独的现实，岂不更好？我把这些想法写进账簿里，时间是在 1902 年复活节的星期天，此刻我正坐在厨房里准备烤小牛肉。"

日常琐事，烧菜做饭，锅碗瓢盆，油盐酱醋……上午的阳光落在账簿上。哦，忧伤的烤肉。

这是保拉与自己共度的周日。

一周的其他日子，女佣贝尔塔（Bertha）从早晨七点一直工作到晚上七点，埃尔斯贝特也归她照看。奥托赚的钱不仅足够应付种种生活开销，还能兼顾妻子画室的费用。保拉父母虽算不上富有，却也从未短缺过什么，尤其是她母亲娘家那一头，即冯·布尔岑斯洛文家（les von Bültzingslöwen）。万一遇到捉襟见肘的窘境，早年发迹的亚瑟舅舅总会慷慨地伸出援手。

显然，问题在于总得伸手**要**才行。

"于我而言，最理想的解决办法是拥有一笔一万法郎的年金！"保拉在朱利安学院的同窗、瑞士女画家索菲·查皮（Sophie Schaeppi）如是写道。三十年后，弗吉尼亚·伍尔夫在《一间自己的房间》中也将表达同样的愿望，数目是五百英镑。

*

1900年11月，保拉笔下的沃尔普斯韦德教堂："灰白的天空，熠熠生辉，一抹朱红深深地融入秋日潮湿的心境。"她正在研习保拉-贝克尔式画法，在画布上顽强地训练。她在给哥哥库尔特的信中写道："像我这样的年轻女子仍是一个无知的造物。尽管听到连绵的钟声，尽管明知钟声中蕴藏着丰富的信息，却终究搞不清它们来自哪座钟楼。女性的软肋，即在于此。至于那究竟是先天的，还是后天的，就交给我们的子孙去决断吧。"①

---

① 里尔克在回忆克拉拉的第一位导师（雕塑家马克斯·克林格尔 [Max Klinger]）时说："他费尽心力，想为她指一条路，一条异常艰辛的路，反而却将一个年纪轻轻的姑娘与成功彻底隔绝开了。"——原注

她曾经与克拉拉一道，偷偷摸摸地敲响那些钟，既像偷猎，又像偷回本属于自己的东西。除烹饪课外，她想方设法找其他课上。"教堂、孩子、厨房"，她与这根杀气腾腾的绞索周旋。在德语中，妇道即为"Kirche, Kinder, Küche"（意为"教堂、孩子、厨房"），简称三 K[①]。

保拉笔下的姑娘，正值初初长成的花样年华。她从仰视的角度，将她们画在天空中。金发女郎玛莎·福格勒，拥有清爽的宽额头，庄重的目光，椭圆的脸蛋。画面左侧，是一棵孤零零的树。黑罩衫上套着白围裙。画中，要么是一条红袍，披散着头发；要么是像天空一样紫灰色的透明面纱。从正面看，悲伤的眼神让人喉咙发紧。从侧面看，鼻子，下巴，一片三角丘陵，额头的弧线酷似地平线。

一个二十五岁的女子笔下另一个正在长成女人的姑娘，一个年轻妻子笔下另一个更年轻的妻子，这是二人间无声无息的分享，驿动的时间。在这些画里，太阳总是被

<hr>

① 德皇纪尧姆二世提出的这句口号兴起于 19 世纪末，在第三帝国时期甚嚣尘上。——原注

遮住的。在世间的这个角落，在户外，在树林和田野里，年轻女子驻足大地，绵软模糊，悄无声息，强而有力的形象。画面无关她们的幻想，只关涉她们的思想。

在她丈夫笔下，玛莎·福格勒头上别着拉斐尔前派式样的雏菊，身上裹着一件天蓝色紧身裙，手里捧着一只陶罐。这个略显呆板、严肃的姿势，飘忽的眼神，日后将成为保拉的画风——一个神情严肃的姑娘，好像托举祭品似的捧着某件东西，既不趾高气扬，也不烦恼不安，亦不故作风情。画面呈现的并非焦虑的、隐秘的世界，而是思想的世界。

"力量与亲密。"奥托如是道。他对这些倒映在天幕上的肖像情有独钟。"她是一位彻头彻尾的艺术家，无疑是曾经在这里生活过的最出色的女画家。"他对她的"天真与单纯"赞誉有加，只不过保拉其实并非天真，亦不单纯。她深知自己所要找寻的是什么。她直奔要点，直指那复杂、深奥的核心要素。更加难能可贵的是，她很清楚自己应与之保持距离的东西是什么，那就是福格勒的画风，以及沃尔普斯韦德的画风。或许她已经感知到，她的绘画是历经千百年男性画家目光审视之后的绘画。或许她已经意识到了那所要表达的东西，那专属于她的，几乎闻所未闻、见所未见的东西：女人笔下的女人。她笔下的裸女，不同于蒙克①的《春情》(Puberté)。蒙克笔下出现的是缩拢的肩膀，初初发育的乳房，交叉的双臂竭力遮挡住私处，无措的目光，绯红的腮颊，咄咄逼人的大面积阴影。而在保拉的画中，却没有一丝暗影。

两人闹不愉快之前，保拉曾向克拉拉坦言，自己和太阳谈起了恋爱。不是那个将影像分裂、切割成阴影的太阳，而是那个融合万物的太阳：低低的，沉沉的，思绪重重，好像熄灭了似的。她画的就是这样的太阳：没有阴影，没有效果。她的画没有附加意义，没有遭到玷污的清白，没有饱受嘲讽的贞洁，没有落入虎口的圣女。既不故作矜

---

① 爱德华·蒙克（Edvard Munch, 1863—1944），挪威表现主义画家、版画复制匠，现代表现主义绘画的先驱。他的作品带有强烈的主观性和悲伤压抑的情调，他对心理苦闷的强烈的、呼唤式的处理手法对20世纪初德国表现主义的成长产生了重大影响。

持，也不佯装羞涩；既不是贞女，也不是娼妇。只是一个年纪轻轻的姑娘家：即便这两个词，也会因为其中所承载的里尔克式的遐想和阳刚的诗意，而嫌太多。"就让我们安静一会儿吧！"

*

1902年。窗前的少女，那青春的面孔被两只罐子夹在中间。她身后是树木以及三角丘陵。她歪着脸，目光望向别处，忧郁地沉思。

保拉把石板当作画布。由于这种特殊的载体，裙子、罐子、双眸无不隐约透出一抹暗淡的灰。石板开裂，致使人物脸上出现一道极细的裂纹。一幅无法移动的画。为了看它，我曾专程赶往不莱梅。

1902年是保拉的多产之年，其中有一大幅是以果园为背景的埃尔斯贝特肖像。四岁的小姑娘，穿着一件短袖连衣裙，白底儿，蓝点儿，圆鼓鼓的肚子把裙子撑了起来。

画了那么多膝盖外翻、浮肿难看的沃尔普斯韦德小模特的铅笔画和炭笔画后，这幅漂亮的肖像画全无矫揉造作之气。这是艰苦训练凝结而成的果实。

　　母亲，请原谅这封迟到的信……除了全身心投入工作之外，我简直匀不出半点时间做别的。我整个人正处于破晓时分，曙光即将喷薄而出。我一定会有所成就……再不必感到羞耻，再不必噤若寒蝉，我会骄傲地感到自己是一位画家。我刚刚完成一幅埃尔斯贝特的肖像，背景是布林耶斯家的果园，母鸡在那里跑来跑去，她身旁的一大株毛地黄开得正旺。

　　保拉摒弃了透视法。埃尔斯贝特平躺在草地上，与那株毛地黄一般高。母鸡端居在她胸前。草地、树林和天空形成三条色带。她脚踩树根，歪着的小脸露出无限童真。裙子白得耀眼。没有一丝阴影。保拉是怎么让人物的腮和手臂产生柔和圆润的立体感的？这在画面其他部分完全看不出来。为此，她付出了二十七年的光阴，花了一生的时间。

（四）

重返巴黎

艺术，

象征着永恒的富足和诞生，

未来是它唯一的取向。

1903 年 2 月，保拉说服奥托让她重回巴黎。

她在拉斯帕伊大街 203 号找到一间画室。租金是每月三十九法郎，合三十马克。有轨电车的噪声让她不堪其扰，窗外风景寥寥："哪怕有棵树"也好啊。她用桉树叶熏香房间，继续在克拉罗西学院上裸模绘画课。午饭在外面解决，晚上，干脆待在家里吃可丽饼，喝热巧克力。她想念贝尔塔做的饭菜，尤其是奶油鲱鱼。她省着吃母亲从不莱梅寄来的熏红肠。她重又见到里尔克夫妇，发觉他俩尽管和气，却不免阴郁："从今往后，二人合奏着凄凉的小号。"

在卢浮宫瞻仰曼特尼亚①，犹如醍醐灌顶。早在沃尔普斯韦德时，她就欣赏过他的作品的黑白复制品。戈雅-卢西恩特斯②，画中丝绸连衣裙那微妙的灰色调，粉里透

---

① 安德烈亚·曼特尼亚 (Andrea Mantegna，1431?—1506)，意大利佛罗伦萨画派画家。

② 弗朗西斯科·何塞·德·戈雅-卢西恩特斯（Francisco José de Goya y Lucientes，1746—1828），西班牙浪漫主义画派画家。

红的脸颊……委罗内塞①，夏尔丹②，还有伦勃朗——画面的清漆因年深日久而泛黄，安格尔③的素描，大卫④，德拉克洛瓦⑤。在卢森堡博物馆，她欣赏马奈，欣赏"裸男与老妪"以及"露台风景"。她满怀景仰之情欣赏科泰（Cottet）的三折画《海》（*La Mer*），如今的他已沉溺于矫饰艺术的深海。此外，还有日本版画和面具，林氏（Hayashi）的拍卖品。她的目光应接不暇："真可谓无奇不有。"法尤姆肖像⑥让她深感震撼，那些罗马帝国时期的埃及石棺，直勾勾的阴郁眼神，现代线条勾勒而成的面孔，流畅自如的色彩。当她重新环顾四周，不禁发现人类远比艺术通常诠释的样子更令人惊叹。

---

① 保罗·委罗内塞（Paolo Véronèse，1528—1588），意大利文艺复兴时期画家。
② 让-巴蒂斯特·夏尔丹（Jean-Baptiste-Siméon Chardin，1699—1779），法国画家，洛可可艺术风格最具代表性的画家之一。
③ 让·奥古斯特·多米尼克·安格尔（Jean Auguste Dominique Ingres，1780—1867），法国画家。
④ 雅克-路易·大卫（Jacques-Louis David，1748—1825），法国画家，新古典主义的开创者和奠基人，拿破仑一世的首席宫廷画师，1793 年完成《马拉之死》。
⑤ 欧仁·德拉克洛瓦（Eugène Delacroix，1798—1863），法国著名画家，浪漫主义画派的典型代表。代表作：《自由引导人民》。
⑥ 1—4 世纪在埃及出现的一种为死者描绘的胸部或肖像。由于这类肖像在埃及法尤姆地区发现最多，故名法尤姆肖像。

她搬到卡塞特街 29 号，在那里找到了她要的树和清静。每天早晨，就着巧克力吃完送上门来的面包，她便直奔卢浮宫。然后，在杜瓦尔饭馆吃午饭，或者自己下厨炒鸡蛋吃。她又见到塞纳河畔的旧书商，艺术桥上兜售紫罗兰的卖花女。她给母亲、奥托、玛莎·福格勒寄去一束束鲜花。给小埃尔斯贝特寄去一个橙子，庆祝她五岁生日。保拉为她描述乐游园里的粉红色大鸟，"像爸爸一样长着两条大长腿"。她与门房太太的儿子练法语，那家伙竟想要勾引她，她向奥托和盘托出；时常觉得单独外出是件麻烦事，于是她亮出婚戒，没有它，她感觉"有点冷"。法国人无异于一群童心未泯的大孩子，她谈论他们的语气就像从前人们谈论非洲人一样。睡个午觉，然后去卢森堡公园练速写。她一边读《巴黎圣母院》（ *Notre-Dame de Paris* ），一边欣赏实实在在的檐槽滴水口。里尔克染上流感，她带着郁金香前去探望，发觉他既世故又逢迎，克拉拉却很是自恋。她向奥托要一百八十马克，因为她的钱全花光了。另外，还要一块小手表。埃尔斯贝特长高了吗？奥托呢？她故作调皮。

她喜欢狂欢节，喜欢缠在脚踝上的彩纸屑；2月末，丁香发芽，3月初，柳絮纷飞，对一位来自德国北方的姑娘而言，这一切是多么新奇。她喜欢逛圣堂市场（le marché du Temple），那里既有粗布衣裳，也有二手绸缎，有镶花边的罩衫，也有褪色的人造花、穿旧的缎子舞鞋。"私密性是伟大艺术的灵魂。"她写道。她想画皮肤，画织物，画花卉。七十年后，弗朗西斯卡·伍德曼[①]将把她精湛的才华用于拍摄同样的事物。

她去默东拜访罗丹。里尔克在引荐卡片上用法语介绍她是"一位杰出画家的妻子"。适逢周日，正是接待访客的日子，摆满大理石雕像的工作室里人头攒动。每周日，她如约而至。罗丹待人和蔼，打开楼里的工作室供她参观：她得以一睹大师的水彩画，他的色彩，他的全副离经叛道。她还趁机窥了一眼他逼仄昏暗的住所。生活本身仿佛成了附属品。"工作，再工作"，这正是大师给予里尔克夫妇的忠告——他们凄凉的号声因此吹得愈发响亮。在向奥

---

① 弗朗西斯卡·伍德曼（Francesca Woodman，1958—1981），摄影家，她的作品多以其本人或其他女性为拍摄对象。1981年自杀身亡，年仅二十二岁。

托讲述这些事情时，保拉用她自成一体的法语引用大师的话道："工作，这就是我的幸福所在。"[1]

五周后，她回到沃尔普斯韦德，突然之间，她受够了漂泊异乡的生活。

*

1903 年，德国北方遭遇寒冬。保拉迎来降雪和风暴。郁金香花苗结冻，果树受损，小埃尔斯贝特也被"软禁"在家里出不了门。不过，在经历了激动人心的巴黎之旅后，家里的气氛显得分外温馨可人。埃尔斯贝特——又名小贝婷——唤她"母亲"。保拉使尽浑身解数，回答她提出的五花八门的问题。两人趴在窗上，一边观察一对红喉雀，一边吃烤苹果。

她和村里的顽童一道在运河上滑冰。好消息是，雇

[1] 原文法语："La travaille, c'est mon bonheur." 句中有拼写错误，说明保拉的法语水平有待提高。

了一个名叫莉娜（Lina）的新女佣。（麻烦的是，她总得要人盯着才行。）埃尔斯贝特患了腮腺炎。埃尔斯贝特学写字。埃尔斯贝特吵得父亲受不了。保拉躲到布林耶斯家的画室去了。"一成不变的生活"，其间，奥托不时爆发焦虑症，他动辄为自己的健康担惊受怕。莉娜在多家店铺累计支出了六十马克！幸好，莫德松夫妇把这笔款子从她的薪水中扣除了。

奥托不在家时，保拉干脆睡在画室里。几个煮鸡蛋，一点儿果泥，就是一顿晚饭。她喜欢这种凑合的晚餐，"还不够给奥托塞牙缝的玩意儿"，既不用摆桌子，也不必下厨，女佣当然另当别论。她吩咐莉娜用啤酒、奶油和桂皮准备一些甜食：或是"加了煮苹果块和葡萄干的米饭布丁"，或者只是几个梨、一些面包和奶酪。[1] 这些乡土味十足，或者说是孩子气的（照如今的说法，应该说是"返祖的"）食物，一一呈现在保拉的画笔下：盛在蓝白相间

---

[1] 这不禁让我想起另一位对梨情有独钟的徒步漫游者，那就是让-雅克·卢梭。"一点乳制品、几个鸡蛋、一把香草、一块奶酪、几片面包、一壶粗酒，就足够让我酒足饭饱了。"——原注

的漂亮珐琅碟子里的乳制品。艳丽的桌布打着精巧的褶子，一根法棍面包横卧在上面。几个煎蛋、许多苹果和梨、几颗樱桃、一大堆南瓜、一个罐子、一件陶器、一只酒壶，这些难以名状的静物栩栩如生，令人垂涎欲滴。一天，有人送来几根香蕉，竟也成了她画画的对象。她甚至让米莉妹妹从意大利给她寄根柠檬树枝来。

她一边读书一边吃饭，过着快乐的独居生活。她读贝蒂娜·布伦塔诺（Bettina Brentano）的《歌德与一个小女孩的通信集》（*Correspondance de Goethe avec une enfant*）。她用法语阅读乔治·桑（George Saud）。她与男性的关系多么引人入胜，还有她那略显缺乏"女性羞涩"的文笔。她欣然发现"每当奥托不在家时，她总是超级快乐"。她更乐于在心里惦念着那个不在眼前的人儿，她自圆其说道。于是，她重新变回保拉·贝克尔。幸甚至哉！

"我的一半始终是保拉，另一半则在与之博弈。"

一幅用红色大写字母署名**保拉·莫德松**（PAULA
MODERSOHN）的自画像。几幅女性肖像，有她的姐妹，
也有村里的农妇。几幅男性肖像，有她的兄弟，也有村里
的农夫。M.夫人的两大幅裸体像，圆润的髋部，下垂的
乳房，沉思、坚毅的面孔，几乎合拢的双眼。这些画"庄
重而朴实"，不矫饰，不讨巧，"不吹嘘"。她在找寻，凭
借一杆画笔，在素材中挖掘。她钟爱"色彩所渲染出的那
种触手可及的感觉"。她涂抹厚重的底色，一层又一层，"粗
糙而生动的"表面，酷似古老的大理石或年深日久、饱经
风雨雕琢的砂岩雕塑。

"我心里只装着一个念头，这既是自觉的选择，又是
无意识的行动——噢，画画，画画，画画！"

奥托的日记写道："保拉画画，读书，弹琴……家里
打理得井井有条——只不过她对家庭兴趣索然，她与这栋

房子的联系显得那么脆弱。但愿一切都会好起来吧……她厌恶循规蹈矩，结果却误入歧途，反而去追捧那些张牙舞爪、又丑又怪、硬邦邦的东西。她的色彩棒极了——可形状呢？表现力呢？勺子形状的双手，麦穗似的鼻子，酷似伤口的嘴巴，白痴一样的面孔。她笔下的一切全都不失夸张……劝她也是徒劳。"

1903 年夏天，在弗里兰斯（la Frise）度假时，保拉在家信中饶有兴趣地讲起一桩趣事：奥托害了腹泻，蹲在厕所里大喊："纸，纸，快啊!"

*

日复一日，一成不变的婚姻生活。

她在屋子周围种满玫瑰、郁金香、石竹、银莲花。她浇水、除草，弄得指甲黑乎乎的。她在花园里勾勒出边缘和小径，播种茂密的花圃，安置隐蔽的角落，装上小巧的长椅。她用彩色布条固定柔弱的花木。她从默东带回一种独特的审美趣味，相较于中规中矩的德式花园，她更心仪杂乱无章的绿意。她向玛丽姨妈说起自己搭建的那些稀奇古怪的藤架，大接骨木下有一座，白桦树丛里有一座，还有一座到时会挂满笋瓜……她在花园正中摆了一个大玻璃球，这个大家伙时常出现在她的画里，怪异而又充满仙气。

奥托收集鸟类标本，生活在稻草填充的海鸥、猫头鹰、苍鹭、鸭子、涉禽之中。水族箱里住着一只螃蟹、一条鲤鱼、一条白欧鲌、三对青蛙、一只蝾螈，另外还有几只水蜘蛛。广口瓶里养着四条金鱼，保拉用马蒂斯的方式把它们画在画里，但在时间上却提前了马蒂斯十年之久。傍晚，他"心满意足地抽着烟斗"，保拉如是描绘奥托。对他来说，"生活无非是艺术之余的小憩"。

1904年夏天，他们到离家十五六公里远的菲舍胡德（Fischerhude）避暑。那里也是一个艺术家村，相比沃尔普斯韦德，这里地势更加平坦，俨然一处观光胜地，奥托-

莫德松博物馆便坐落于此。[1] 他们入住的小旅馆一直还在，如今改建成了一家高级酒店。与他俩结伴同行的还有福格勒夫妇，保拉的另一个妹妹，米莉以及她的丈夫。他们举行划船比赛，在河里畅游，模仿伊莎多拉·邓肯[2]的样子翩翩起舞；奥托则吹笛子伴奏。他们践行裸体主义，在水边享用"自然风"早餐——福格勒夫人不在，奥托在日记中明确写道。

德国兴起户外保健风。1904 年，米勒（Müller）中尉论述体操锻炼的著作《我的机体》（Mon système）一时间成为畅销书。[3] 这是希腊美的理想典范。

保拉每天早晨进行十五分钟的裸体运动。当时"空

---

[1] 保拉去世后，他在这里重新开始生活。后来，克拉拉·韦斯特霍夫也带着露特来到菲舍胡德定居，并于 1954 年在当地去世。——原注

[2] 伊莎多拉·邓肯（Isadora Duncan, 1878—1927），美国舞蹈家，现代舞的创始人，是世界上第一位披头赤脚在舞台上表演的艺术家，创立了一种基于古希腊艺术的自由舞蹈而扬名欧洲。

[3] 米勒是丹麦人。德国自然疗法协会始建于 1918 年，是世界范围内第一个同类组织，斯堪的纳维亚人紧随其后。弗里斯兰的哈姆伦岛是当今欧洲自然疗法的重要据点之一。当年，保拉在那里风雨无阻地坚持裸泳。——原注

气浴"大行其道。威尔士亲王（le prince de Galles）和弗朗茨·卡夫卡（Franz Kafka）无不热衷此道，保拉也不例外。奥托用画笔记录下她做运动的精彩场面，赤身裸体，丰满圆润，令人为之一震。保拉鼓励赫玛妹妹注册文理中学，劝她不要过度沉迷阅读。

在菲舍胡德期间，发生了两件大事：其一，保拉的床塌了；其二，保拉和海因里希·福格勒之间爆发了激烈的争吵。更多详情不得而知。

*

1904年秋，寂然无声。通信零星散乱，日记戛然而止。保拉抱怨没画出什么像样的东西。

1904年冬天拍摄的一张照片上，她端坐在画室里那张百合花图案的长沙发上，这张长沙发时常出现在她的画里，曾经激起里尔克纯洁的王子幻想。身旁是一幅抱孩子的农妇的肖像。地上放着一只桶和一把煤铲。她身穿深色厚裙子，仅有的装饰除了镶花边的手笼，只有扣在领口的一块浮雕玉石。

这一形象不禁让人联想起与她同时代的德国作家托马斯·曼[1]笔下的《布登勃洛克一家》（*Buddenbrook*）中的人物，那些呼吸着波罗的海新鲜空气长大，信仰新教，神色庄重而忧悒的布尔乔亚年轻女性。

我试图参悟保拉的力量究竟来自哪里。开放、沉思的目光，望向不确定的方向。这是一个孤独地画着画，作品尚未被世人发现的女子的照片。

*

同年，里尔克向一位年轻诗人写道："终有一天（北

---

① 托马斯·曼（Thomas Mann，1875—1955），德国20世纪最著名的现实主义作家和人道主义者。1924年发表长篇小说《魔山》。1929年度获得诺贝尔文学奖。被誉为德国资产阶级的"一部灵魂史"的长篇小说《布登勃洛克一家》（1901）被看作德国19世纪后半期社会发展的艺术缩影。

欧诸国的天空中迄今已显现出鲜明的迹象），姑娘和妇女将不再仅仅作为男人的对立面，她们自身将成为一种现实；不再是一种补充和界限，而是存在与生命本身；届时，人类的景况将展现出其女性的一面。"[1]

*

她找寻，搅拌，揉搓。她画红格毯子里熟睡的婴儿，戴草帽的小女孩，蒙黑面纱的老妪。

这儿一根线条，那儿一抹眼神，从色彩中幻化而出。那是正在吃奶的婴儿的特写，赤身裸体的小女孩，偎在小姑娘怀里的猫咪，卷心菜与陶器，旋转木马，奶牛，风景。

她从色彩中牵引出线条。这就好比把她自己的画日复一日地拆解开来，将它们重新融解在原料中，再从均匀的色调中抽离出世界丰富多彩的模样和形状。

[1] 里尔克，《致一位年轻诗人的书信》(*Lettres à un jeune poète*)，1904 年 5 月 14 日。——原注

她无精打采，踟蹰不前，深感孤独。巴黎，她怀念**她的**巴黎。在她看来，沃尔普斯韦德的生活似乎是由"纯粹的内在经验"构成的，而她需要城市，需要它的美，它的驿动与激扬。即使还没得到奥托的许可，她也要一走了之。

*

1905年2月14日到15日那天夜里，"一个名叫保拉·莫德松的人"，身穿灰外套，头戴灰帽子，登上开往巴黎的列车，她饶有兴趣地向赫玛妹妹描述了当时的情景。赫玛在巴黎十六区做家庭女教师。姐妹俩欢聚一堂。浓浓的姐妹情油然而生，两人的书信中，字里行间洋溢着深情厚谊。

眼看妻子再次出走，奥托深感焦虑。家里现款所余无多。那年冬天，他好不容易才卖掉两幅画。

保拉的第一封来信，用掺和着德语的半吊子法语写

~ 111 ~

成，语气颇为欢快：

在亚琛①

我多么忠诚

在赫贝斯塔

吻，专门给你的

在韦尔维耶②

再来一个吻

从列日③到那慕尔④

我想念家里的七大姑八大姨

在夏尔勒华

想念胖老妈

在巴黎

我是你的小媳妇

我是你的

---

① 亚琛（Dans Aix-la-Chapelle），德国城市名，靠近比利时、荷兰边境。

② 韦尔维耶（Verviers），比利时城市名。

③ 列日（Liège），比利时地名。

④ 那慕尔（Namur），比利时地名。

你的小巴黎人

戴着圆帽子

她要去看湿界

戴着一顶灰帽子

无忧无虑。

　　我人已在巴黎，但还没间到我们的小赫玛，尽管之前拍过电包。我没能住进卡塞特街那间朝花园的漂亮屋子。我们明天见面。现在我想好好睡一角。祝你们仨全都好好的。

你们的 P[①]

*

　　2 月 16 日至 19 日，连续三封闷闷不乐的来信。卡塞特街那间既看得见树又安静的屋子已经租出去了。她的新房间形同袖珍“鸟笼”，简直就是一间正对墙壁的“牢房”。

[①] 保拉的这封信用半吊子法语写成，其中有不少语法或拼写错误，汉译通过错别字予以体现。

她的心情大受影响，甚至足不出户，一蹶不振。与赫玛结伴去乡下待了一天之后，她感觉精神好多了。她搬到夫人路65号，七楼，面向花园和天空。那里有带帷盖的床，桌子，椅子，壁炉，带双扇落地窗的阳台，月租四十五法郎。这次，她注册的是朱利安学院。她一早去上课，下课后去博物馆。她发现女学员们还在像一百年之前那样画画。有个俄罗斯女生问她，她眼中的世界是否真像她所画的那样。这是一群怪人。有个波兰女生无论打扮还是站姿，都和男人别无二致。其他人又时髦得过了头，不值一提。

走在街上，路人纷纷回头取笑她，原来是那顶灰帽子惹的祸。女店主冲她指指点点，就连马车夫也笑话她。门房把她当成无政府主义者。她只好跑到集市上另外买了一顶更加巴黎范儿的帽子。怎么也买不到甘薯，取而代之的是面包，总是面包。留在沃尔普斯韦德照顾埃尔斯贝特的母亲给她寄来了一束雪莲花。法国首都和德国乡下之间书信往来不断。她在克拉罗西学院的墙上发现了一处涂鸦，上面写着"我爱克拉拉"，她断定那一定是里尔克干的。要是奥托能来参加嘉年华该多好。《欧那尼》①（*Hernani*）上演，人们怎么会为这么一部"浮夸得不可救药的"戏而你争我夺呢？法国人真是"对他们自己的语言中毒甚深"。

肉店的账单？哪张肉店账单？一定是搞错了。他先不要付账，等她回去再说！

奥托的母亲突然去世。他想要保拉回去吗？只要他说一声，她立刻就坐火车赶回去。但愿他不要因此取消巴黎之行，她有许多东西想让他看！这里可好啦！她结识了科泰，与苏洛阿加②保持来往，还看了许多展览。伦勃朗的雕塑作品在国家图书馆展出。还有马约尔③的雕塑，梵·高，了不起的马蒂斯，还有巴黎画展（Salon de Paris）上的修拉④。点画法大行其道，正所谓无奇不有！

---

① 1830 年 2 月 25 日，雨果的剧本《欧那尼》在法兰西大剧院上演，由此引起浪漫主义和古典主义的决战。从此，古典主义戏剧结束了独霸剧坛的统治地位，浪漫主义戏剧在巴黎舞台上占据了主宰地位。这就是著名的"欧那尼之战"。
② 苏洛阿加（Zuloaga，1870—1945），西班牙巴斯克画家。
③ 马约尔（Aristide Maillol，1861—1944），法国雕塑家、画家。
④ 修拉（Georges Seurat，1859—1891），法国新印象派画家。

她结识了纳比派①，拜访了莫里斯·德尼②。嘉年华近在眼前。真的，这一次，他无论如何要来。

奥托忙于安葬母亲，保拉却向他讲述自己与赫玛以及"两个保加利亚人"在布洛涅森林散步的事。奥托照料着身心俱疲的老父，她却在卢森堡公园"开开心心"地玩了一天回到家，陪伴她的是一位聪明、帅气的棕发骑士，只不过那家伙吃大蒜，还吐痰。素描课本周结课，她不禁感到难过。多么美好的春天啊！巴黎人已经把他们的窄边草帽拿出来了。在默东，桃树花团锦簇。还有疯狂的牧羊女夜总会。全城都在热情拥吻，人们需要爱。奥托必须来一趟。"再见，我亲矮的③……我一心只属于你。你深情的小妻子。"

~~~~~~~~~~~~~~~~~~

① 纳比派（les Nabis），1891年出现于巴黎的一个艺术社团，其主要成员是巴黎朱利安美术学院的学生。这是一个为期很短的艺术运动，主要参加者是法国画家和雕塑家。"纳比"一词出自希伯来语，意为"先知"，表明了该运动的信念、创作思想同宗教的密切联系。

② 莫里斯·德尼（Maurice Denis，1870—1943），20世纪初期法国象征主义画家、作家，纳比派的一员，他的理论是立体主义、野兽派和抽象主义的基石。

③ 保拉的信里时常穿插使用法语和德语，但法语多有纰误，故汉译用错别字形式予以体现。

奥托来了。

奥托的日记写道："3 月 29 日至 4 月 7 日。与米莉、海因里希·福格勒、玛莎、玛丽一家同游巴黎。大伙都住在保拉那里。我们在法耶那里看到了高更的画，还有野牛比尔[①]。日子过得并不舒心。"

*

返回沃尔普斯韦德，守在他的运河边，奥托心情好多了。（之前，他整整一星期一言不发。）他承认旅行是必需的，也理解保拉为什么觉得这里的生活单调乏味。他在日记中罗列了一大堆她为他带来的新鲜体验：运动、空气浴、午夜漫步、滑冰比赛、胡思乱想、青春朝气。

无论如何，保拉决心已定：从今往后，她要在巴黎过冬。沃尔普斯韦德那吝啬的阳光、泥泞、浓雾、严寒，

[①] 野牛比尔（Buffalo Bill）曾是一位真正的美国牛仔，后来转型为演艺明星，到巴黎等地表演马上杂技。

全都结束了。她准备再次踏上旅程。她向母亲承认偷偷攒了五十马克。她向卡尔·豪普特曼借四百马克，说是"替别人"借的，再三叮嘱他不要告诉奥托……（后来，她在豪普特曼和他妻子眼中变成了"轻佻的、没良心的人"。）她坦白告诉母亲，她"要实验不同的东西"。她说看着别人家的小宝宝羡慕得不得了。

　　奥托卖掉了几幅画，拿着这笔钱，他们到汉堡、德累斯顿、柏林逛了一圈，又去不莱梅看戏，欣赏瓦格纳的音乐。1905 年 12 月，夫妻俩去拜访豪普特曼夫妇，在那里遇见社会学家维尔纳·桑巴特[①]，欣赏白雪皑皑的群山。的确，奥托已经尽力了。

　　冬去春来，一幅又一幅作品从平凡的日常生活中脱胎而出。有静物，还有一幅戴草帽的自画像，尽管动人，却好像没画完。许多小女孩，保拉让她们摆出谜一样的姿势，手指合拢成郁金花形状，捧着一朵并不存在的花蕾。

① 维尔纳·桑巴特（Werner Sombart，1863—1941），德国经济学家、社会学家。

小姑娘们少年而老成，她们很早就知道这个世界不属于她们。

克拉拉回沃尔普斯韦德来了。无论如何，她仍是保拉最亲密的朋友。保拉笔下的克拉拉身穿一袭白裙，手握玫瑰，头微微后仰，神情严肃。一个保拉·贝克尔式的姿势，庄重却不事夸张，严肃，丰满，漂亮。

紧接着是一幅手捧鸢尾花的自画像。这幅画好比摇摆运动的中心点，一个完满的瞬间。画面简洁：这是我，这是鸢尾花。请看：这就是我，彩色的、二维的，神秘而安详。

保拉即将步入而立之年。色彩缤纷的画面：绿、橙、虹彩、黑。浓烈的紫，乌黑的眼。橙色的皮肤和头发，绿色的裙子和背景。这是介于她和高更之间的一座岛屿，她读过他的《诺阿诺阿》（ Noa Noa ）。项链珠酷似眼睛的形状和颜色。微张的嘴，紧绷的眼神，她呼吸，吐纳，她有话要说。

　　　　　　　　　　　*

　　此后的大多数自画像中，保拉都戴着琥珀。这些项链，
是礼物，还是她自己买的？汉莎的琥珀，产自波罗的海、
俄罗斯、维京的北欧。橙黄的琥珀——松脂凝结而成的化
石、古老的生命元气，环绕着她的脖颈。奥维德[①]称之为"众
神的眼泪"，镶嵌着古老昆虫的记忆之石。琥珀触感温和，
与玻璃迥异。

　　保拉说："我想，目前我正经历着如火如荼的生活。"

　　奥托在日记中写道："强烈的色彩意识，但就画本身
而言，难免显得刺眼，有失和谐。她对简单粗糙的作品情
有独钟，这对她有害而无益，她理应把心思集中在艺术绘
画上。她希望将形状与色彩统一起来，若按她目前的做法，
恐怕永远也办不到……女人想要独立创作可谓难上加难。

[①] 奥维德（Ovide）是古罗马诗人。

就拿里尔克夫人为例，她开口闭口总离不开罗丹。"

*

保拉的日记戛然而止。[1] 所幸，还有书信保留了下来。每当迫于环境的压力无法作画时，她便提笔写信，把一切诉诸笔端，剖析不足与冲动。她取笑福格勒惺惺作态，眼看自己的画被买走，却唉声叹气。"艺术，象征着永恒的富足和诞生，未来是它唯一的取向。"一幅画也卖不出去的她如是写道。

画，自在，自足。她很少予以描述，很少谈及自己的艺术。克拉拉在女友去世后，回忆起这种沉默："或许，于她而言，要想用某种可以理解的方式说明这一切，实属不可能——这种经验是如此无法言说，她唯一的表达就是化身到自己的作品中去。"更何况，绘画要如何书写呢？

---

[1] 1917年，里尔克拒绝参与保拉遗稿的出版工作，他不禁纳闷，莫非最后那几年的文字全被撤销了吗？（或许是被保拉自己。）"抑或仅仅因为临终前的岁月太过短暂，在她上气不接下气地追寻艺术的征途中，已无暇言说。"——原注

固然可以描绘它的线条、形状、颜色对比，可以大加议论、批评，可以追溯历史，还原背景。可要怎么书写呢？文字和图像之间横亘着一道鸿沟。从裂隙中喷涌而出的，是梦。同样是在那些年间，在吉维尼（Giverny），莫奈开始创作他的《睡莲》（Nymphéas）系列，小桥，流水，浮萍，光线。

*

保拉三十岁生日之际，母亲玛蒂尔德给她写来一封信，信中用热烈、激昂的笔触记述了 1876 年 2 月 5 日明娜 - 赫米内 - 保拉·贝克尔（Minna Hermine Paula Becker）在德累斯顿诞生的非凡经过。

那是时过境迁三十年后，一封女人给女人的来信。在没有男人的世界里，母亲写给女儿的信——信中揭示了那个了不起的秘密。那天夜里，沃尔德玛尔·贝克尔不在家。易北河爆发凌汛。被暴雨冲毁的林木从山中倾泻而出，洪水四处蔓延，刚刚铺设的铁轨面临被冲垮的危险。自从前两个孩子出生后，他第一次撇下年轻的妻子独自生产，更何况还有一个愚昧无能的接生婆搅和在里头。

尽管如此，明娜-赫米内-保拉还是降生了。二十三岁的玛蒂尔德正卧床给她的小蜂鸟喂奶，雨水拍打着窗户，油灯在蓄水罐里噼啪作响。膀大腰圆的老接生婆想给自己热点咖啡，却打翻了酒精炉，火苗腾地蹿了起来。保拉的母亲写道，火海中的接生婆酷似女巫，她一边咳嗽，一边口吐污言秽语，手忙脚乱之中，竟把乱摊子甩到床上，让年轻的产妇来灭火。经历了这场惊心动魄的分娩之后，身强体壮的玛蒂尔德花了六个月时间才好歹恢复过来。高烧、乳腺炎、感染接踵而至。那又有什么关系呢，如今她的小蜂鸟已步入而立之年。

（五）

置之度外

她的生命还剩

一个春天和两个夏天。

三十岁，像《玩偶之家》（*Maison de poupée*）中的女主人公娜拉（Nora）一样，为了追求不可名状的东西，保拉将一切置之度外，甚至家庭和丈夫。

1906 年 2 月 24 日，她在日记中写道："我离开了奥托·莫德松，徘徊于从前的生活和新生活之间。我苦苦琢磨新生活的模样……该怎样，就怎样吧。"

几天来，她把可能会用到的东西搬到布林耶斯家的画室。她瞒着里尔克。他能帮她踅摸一张床绷、一副画架、一套不算太丑的桌椅吗？她将在卡塞特街落脚。她不知该如何署名：

> 我不再是莫德松，也不再是保拉·贝克尔。
> 我就是
> 我，
> 但愿我越来越成之为我。

与此同时，赫玛写信告诉母亲说她非常高兴保拉终于能有一次在善良的奥托过生日时陪在身边，而没有跑到巴黎去。

*

里尔克为保拉前后奔走，一如既往地拘礼，而又不失慷慨。"感谢您将我纳入您的新生活……要知道，我为您深感欣慰，能与您结伴同行令我满心欢喜。您的仆人，赖内·马利亚·里尔克。"为了帮她，他四处筹钱，并且借给她一百法郎。他跟银行家、艺术赞助人卡尔·冯·德·海特（Karl von der Heydt）谈及此事："亲眼看到莫德松的妻子正在经历个人的成长，令我深感震惊。她的绘画方式是一种出自本能的直接表达，她笔下的事物，尽管有着鲜明的'沃尔普斯韦德特征'，却是除她之外的其他人所无法看到、无法呈现的。"他买下她的一幅画，画中小男孩的脸蛋好像水滴一样垂垂欲滴。这是她一生中卖出的第一幅画。

*

保拉离开房租昂贵的卡塞特街，转而在缅因大道 14
号找到一间画室。尽管蒙帕纳斯区几经重建，那间画室却
一直保留至今。里尔克不仅没能帮她弄到家具，反而已经
离开巴黎，匆匆踏上旅程，这对他已是家常便饭。幸亏有
个保加利亚人还在，他帮保拉做了一张桌子和几个架子，
她在上面蒙上彩色布料加以装饰。赫玛故作轻松地向母亲
汇报情况，保拉反而觉得她情绪沮丧。

*

给奥托的第一封信语气冷漠而忧伤，信中保拉只顾
言及其他，捎带提及保加利亚人，特别声明他们不在。面
对他一封接一封痛哭流涕、苦苦哀求的来信，她竭力说服
他，两人分手是不可避免的。

他能否去她画室一趟，选六幅画得最好的裸体画寄

过来，她要用来注册美术学院。画就放在挂在门上的红色大画夹里。希望他能把画卷起来装进画筒，寄到她的新住址来，标签上注明"无经济价值"，以免海关收费。她的身份证件，应该也落在画室里，注册时也要用到。实在找不到的话，婚姻证明也可以。对了，还有放在书架上的解剖书。再就是，她没钱了。他是否还愿意给她寄点钱来？非常感谢。巴黎，草木已经发芽。谢谢埃尔斯贝特寄来的刺绣，绣得真好看！顺致亲切的问候。

*

奥托孤注一掷，搬出从前给她写的情书做救兵，为她描绘花园的情景，黄花竞相开放，春天来了。

"亲爱的奥托，从前我是**多么**爱你……但我现在不能回到你身边去。**不能**。我也不想在其他地方见到你。我不想和你生孩子，**现在**不想。"

她心意已决，非这样不可。他痛苦，她也不好受，但生活和工作还得继续下去。她再次为他讲述巴黎。还有布列塔尼：只要乘十小时火车，就能看到无边无垠的大海，苹果树，阳光，温煦的天气，玫瑰，圣-米歇尔山，还有普拉尔妈妈亲手煎的鸡蛋。她寄给他一张明信片，上面是罗特恩弗（Rotheneuf）鬼斧神工的悬崖峭壁，如今或可称之为原生态艺术。多谢他资助了这趟旅行，还有上个月的两百马克，她用那笔钱付了房租，以及刚来时的各项费用。既然他非帮她不可，那就每月15号给她寄一百二十马克来吧，省得她总得向他要。

奥托拿走保拉画室里的所有静物画。他生活在画的包围中，试图从中汲取灵感，发掘生命、光芒、灵气。但在保拉的母亲看来——她就陪在那可怜人身边——他得到的无非是"数学验算法之类的东西"。

福格勒夫妇想买保拉的一幅画，他们不得不再三请求，奥托才好歹同意放手。布罗克豪斯夫人——一位参观布林耶斯画室的友人，也买了一幅静物画。保拉委托奥托将所得款项转寄给里尔克，用于偿还旧债……加上里尔克买的那幅小男孩的画，保拉生前总共卖出三幅作品。

年初，奥托卖了五幅画。保拉让赫玛妹妹给他写信要钱……又向米莉妹妹借了六十法郎，用来支付模特的费用。

钱，催命的钱，这便是步入清净之地的关卡，通往自立的瓶颈。

*

"我正在变成什么人"，这句话像咒语一样在保拉的信里回响。既不是莫德松，也不是贝克尔的什么人。

伯恩哈德·赫特格——一位在巴黎遇到的德国雕塑家——对她大加鼓励。她的才华令他肃然起敬，甚至愕然。保拉还结识了他的妻子。与莫德松交往的早期经历再次复现：仰慕，渴望赞许，唯一重要的意见，"从前的我是多么孤独，请您相信，我是喜极而泣，您为我敞开了紧闭的门扉"……但赫特格深爱自己的妻子。保拉为她画了好几幅肖像：俊俏的瘦长脸，方方正正的领口，遮住前额的发辫，高挑挺拔的身材，郁金香形状的手。她"美丽庄重，是再合适不过的作画对象"。

赫特格正在创作一件"卧姿裸体雕像，堪称杰作"。保拉从这位友人的作品中看到了自己未来坟墓的雏形。她的生命还剩一个春天和两个夏天。

*

工作：静物画，自画像，许多大幅裸体画。仅1906年，保拉就创作了八十余幅作品，每四五天一幅画，很亢奋。她与自己的作品朝夕相处，深夜醒来借着月光审视它们，清晨天刚蒙蒙亮就又重新拿起画笔。她试着慢下来，尽量在每幅画上倾注更多时间。但是，在一幅画上流连不前，便意味着"满盘皆输的风险"。

＊

3月末，里尔克与罗丹旅行归来，他一直担任后者的秘书。保拉和他，以及一大群崇拜者，出席了在先贤祠前举行的《思想者》（Penseur）揭幕仪式。5月10日，罗丹误把里尔克当成"家贼"，断然解聘。从默东被扫地出门后，穷困潦倒、忍辱负重的诗人来到卡塞特街29号寻求庇护。

在这段朝夕相处的日子里，他为保拉当模特。两人面对面，互相审视，或叙谈，或沉默，坦诚相见，志趣相投，画画的同时也是在经营友谊。这幅肖像是他们共同勾勒的时间印迹。画中的里尔克呈现出橙、白、黑、绿等色彩，显得格外年轻。法老式的胡须，匈奴式的唇髭，挺括的高领，宽阔的额头，有黑眼圈的眼睛，眼白泛紫，目光外凸，眉毛高挑，嘴巴微张。神情酷似连环画《阿黛拉·布朗 - 塞克》（Adèle Blanc-Sec）中目瞪口呆的教授（保拉笔下的帽子与阿黛拉的帽子如出一辙）。厚嘴唇，大鼻子，长条胡子，湮没的双眸，整张脸好像受力变形，向右倾斜。

里尔克的目光高远，缥缈，内省，恰似被余生中驱策他写作而不识生之滋味的那种东西震慑住了。

保拉看到了其他人没有看到的东西。整整二十年后，1926 年 4 月 30 日，画家列奥尼德·帕斯捷尔纳克[1]致信里尔克："我在《纵览》(*Querschnitte*) 杂志上看到您的两幅肖像，其中一幅的作者，名字我已经记不清了，画得与您颇有几分神似；另一幅出自保拉·莫德松的手笔，窃以为这位女画家颇有几分名气，亦非平庸无能之辈，但从她的画中，即便远远看去，我也丝毫没有发现与您有何相似之处。怎么会有这么大偏差呢！无疑，要么是误会，要么是弄错了名字，或许……总之，还是别去理会为好。"

*

1906 年春天，保拉和里尔克相伴度过每个周日，游走于枫丹白露 (Fontainebleau) 或尚蒂伊 (Chantilly)，里

<hr>

[1] 列奥尼德·帕斯捷尔纳克 (Leonid Pasternak, 1862—1945)，俄罗斯后印象派画家，苏联诗人鲍利斯·列奥尼多维奇·帕斯捷尔纳克的父亲。

尔克的朋友埃伦·凯（Ellen Key）时常与他们结伴而行，这位来自瑞典的女权主义者比他俩年长许多。周六晚上，两人一起到蒙帕纳斯大道和莱奥波德·罗贝尔街交会处的儒文餐馆聚餐。当年曾有人如是描绘这家餐馆："餐桌彼此靠得太近，谈话毫无秘密可言……耳边聒噪着各种语言……一色女画家！那情景怎生了得？她们全都穿着长裙，那可是'绊脚'裙和点缀着鲜花、水果的大帽子盛行的年代。"[①] 保拉尽情享用芦笋，里尔克则钟爱甜瓜。

5月13日，从圣-克卢散步归来的途中，保拉发现自己的包不见了。里尔克一路寻找，能想的办法都想到了："我回到我们在圣-克卢坐过的长椅，回到蓝亭和当时喝茶的地方，又去了公园警署和游船中心。在后两个地方，我描述了失物的模样，说明了包内的物品，并且留下了您的地址。一旦找到失物，他们就会通知您，但还是别抱太大希望吧。他们告诉我说，如果那家伙想物归原主的

① 阿德里安·鲍维（Adrien Bovy）：《朋友眼中的拉姆兹》（*Ramuz vu par ses amis*），1906 年的回忆，人类时代出版社（éditions L'Âge d'homme），1988 年。——原注

话，早就还回来了。只可惜，大多数贼并没有那份觉悟。午后时光的记忆因为遗失物品而沾染了苦味，怎能不令人伤心。尤其是，那小包里的东西又是无法替代的，这就更让我难过了。尽管如此，又能怎样呢，实在是没办法啊。"

将要失去的，何止于此。世界正奔向毁灭，不久的将来将被凡尔登战壕所吞没。保拉还剩五百天阳寿。

6月初，奥托毫无预兆地突然空降巴黎，打算劝她回去。赫玛见证了极其艰难的一星期。或许，里尔克的画像因此而未能完成：面对突如其来的丈夫，诗人仓皇而逃。漆黑的、超自然的眼眸，再也画不完了。我倒宁愿视之为一条预留的通道：里尔克栩栩如生的目光，是为他的鬼魂劈开的一道罅隙。

保拉没有回去。1906年夏天酷热难当。画室里跳蚤泛滥，玻璃顶棚镶着厚厚的黄玻璃，连天空也看不见。她寻思着要去哪里度夏呢？怎么熬过这个夏天？如何面对酷暑的荒漠，接下来的一分钟要怎么活下去呢？她并不知道生命于她已经时日无多，但眼下的日子实在难熬。她渴望空气，向往田野。"但愿还会有别的夏天，能让我待在室外好好画画。"

8月3日，这辈子她从没感觉这么热过。她头晕目眩，写信询问里尔克是否找到了一处适宜度假的舒适角落，只要他说一声，她立刻赶来。信尾的署名悬而未决："您的保拉·xx"。

里尔克回信说他正与克拉拉、露特母女俩在一起，在比利时海滨的菲尔讷（Furnes）附近，但并没有明说是哪个村子。"这里并非您所向往的大海。"这里开销很大，几乎和奥斯坦德（Ostende）不相上下。莫尔莱（Morlaix）、圣波勒 - 德莱昂（Saint-Pol-de-Léon）反倒是不错的选择。他一一列出火车停靠的站点，建议她花五十生丁在蒙帕纳斯火车站买一本1906年官方导游册《海水浴和远足之诺曼底》。住宿的话，可以选择圣 - 让海滨旅店。普利梅尔岬角（la pointe de Primel）不容错过。圣让 - 迪杜瓦格（Saint-Jean-du-Doigt）的新生喷泉及建于15世纪的教堂都值得一看，通往海滩的林荫路也可以走一走。

一封不合时宜的怪信，从比利时写来，却一味吹捧法国布列塔尼。"我们仨向您问好，但愿您能做出精彩的旅行计划。去往罗斯科夫（Roscoff）的最佳车次：晚上 8 点 24 分。"

保拉放弃了。酷热中寒意顿生。缄默。

一年后，里尔克写来一封悔恨交加的信。"此刻，我尽可以向您坦白，这段时间以来，我深深感到，当初在比利时辗转收到您的短笺，我却未回信邀您前来，真是万万不该。当时，我正沉浸在与克拉拉和露特重逢的喜悦中，东代恩凯尔克（Oostduinkerke）并未给我留下些许深刻的印象。事后我才意识到自己的回信对您何其不公，看在我俩的友情分上，我本不该待您如此心不在焉，这真是太不应该了……到如今我也没再去看您，叫我怎能不难过呢。"

1906 年 7 月 27 日，两人最后一次见面，在儒文餐馆共进晚餐，但他们对此却全然不知。他们还那么年轻，怎么可能料到这竟是最后的诀别，当生者重新回首审视当初说过的每一句话，才发现它们竟毫无意义。他俩再不会共度夏日，再不会一起散步，再不会有与保拉相伴的周日时光。

*

8月12日，热浪消退。无论困守巴黎的窘境，还是自身的孤独，都似乎好过些了。一小幅铅笔素描，呈现出画室内景。墙上挂着赫特格夫人的肖像和一幅卧姿裸体画，画上还有个孩子。

正是通过这幅裸体画，我认识了保拉。我想，那是在2010年，一封广告邮件，推介一期有关生育的精神分析研讨会。画面细腻精巧，惟妙惟肖，起初还以为是儿时曾吸引我的那类招贴画，父母买回来镶上画框挂在卧室里。20世纪七八十年代，有个名叫托福利（Toffoli）的艺术家，批量生产这类母子图，圆圆方方的人物，热烘烘的色彩。不，那可不是托福利。

但那确乎是童年的体验，最初的童年。是哪位艺术家呢？这样的哺乳知识从何而来？我第一次见到这么舒服的姿势，育儿课上没教过，圣母子图中也从未见过：既非坐姿，也不必把孩子满满当当地抱在怀里，而是侧卧着，紧贴着孩子。乳香四溢的半梦半醒，温情脉脉，母子相依。2010年，我正给第三个孩子哺乳，哺乳期长达两年，这期间，我摒弃了包括自己的经验在内的种种成见。

2001年，我曾写过一本名为《宝贝》（*Le Bébé*）的小书，旨在抨击各种陈词滥调，回应"什么是母亲"的质疑。书出版后，我意识到有些男人不知该如何严肃看待母性。母亲与婴儿，本是这种原始的、平凡的经验的实质，而在他们眼中，母亲要么被奉为圣母玛利亚（圣母子图），要么被贬为荡妇（维纳斯和丘比特），除此之外，他们竟无所适从了。

在画家保拉眼中，女模特沉沉入睡，半身侧卧，与婴儿面对面。她画了许多幅铅笔素描，外加两幅油画。宽大的乳晕，漆黑浓密的阴阜，圆滚的肚皮，结实的大腿，强壮的臂膀。素描中，娘俩儿鼻尖抵着鼻尖，温存爱抚；油画中的母子神情倦怠，互为对称，双双蜷缩成胎儿姿势，一边是高大的母亲，一边是娇小的婴儿。既不矫揉造作，也不故作神圣，亦不卖弄色情：一种别样的快感，铺天盖地的另一种力量。

看着这幅画时，我唯一确定的就是自己从未见过类似的东西，以这样一种方式呈现的女性，并且是在1906年。保拉·莫德松-贝克尔是谁？我怎么从没听说过呢？读得越多，看得越多（其他令人震撼的哺乳画面，托着乳房的母亲，似乎唯有女性画家方能呈现出这样的视觉效果），我越感到书写这位女艺术家的生平，为展示她的作品尽一己之力的必要。

*

2014年5月，我来到德国鲁尔区的埃森（Essen）。

对法国人而言，鲁尔意味着矿区。这是一个人口稠密的工业区，从巴黎出发的大力士高速列车在这里抵达终点。这里拥有世界上最美的博物馆之一——福克旺博物馆（le musée Folkwang）。宽敞的玻璃窗，轻盈的金属框架。保拉最精彩的自画像之一便珍藏于此。

同行的有埃森法 - 德文化中心主任米歇尔·樊尚（Michel Vincent），另一位是福克旺博物馆馆员汉斯 - 于尔根·莱希特雷克（Hans-Jürgen Lechtreck）。汉斯 - 于尔根年轻帅气，风趣敏锐。他勉为其难地把我们带到地下室，去看那幅自画像。这是一个——他字斟句酌——临时展。

博物馆地下室展出的皆为女性作品。低矮的天花板，晦暗的光线。我从未在其他任何地方见到女性艺术被如此这般地视为劣等艺术。楼上，充沛的光线中陈列着梵·高、塞尚、高更、马蒂斯、毕加索、布拉克（Braque）、基希纳（Kirchner）、诺尔迪（Nolde）、康丁斯基（Kandinsky）、克莱……地下，昏暗的环境中杂陈着老掉牙的小雕像和当代视频作品。女神、母亲、女王：唯一有迹可循的线索，是这些作品均由女性创作而成，或者说它们表现的对象同为女性。

保拉的代表作——《手执山茶枝的自画像》（*Auto-portrait à la branche de camélia*）隐没在一个死气沉沉的角落，被一台大电视遮得严严实实。与此情此景形成鲜明对比的是，这幅自画像被印在长达两米的旌旗上，当街飘扬，俨然成为博物馆的广告代言。[①]

实际上，这幅画规格很小，仅有六十厘米长，三十厘米宽。

她用目光打量着我们。

"多么悲伤。"米歇尔说。

"忧伤的目光。"汉斯-于尔根附和道。

[①] 一年后，米歇尔·樊尚告诉我说这幅画又回到楼上了。——原注

两位先生不禁怀疑晶亮的虹膜下凝着几滴泪，莫非是他俩眼花了吗？

她有意将画面中的自己置于逆光区，而使观众暴露在光线中。我隐约觉得她在微笑，尽管嘴角边有两道下行的皱纹。眼睛上有黑眼圈，郁金香形状的手中握着一枝山茶，一副沉甸甸的琥珀项链，双眉微蹙，目光专注。

在我看来，她在作画。寓意或可解释为：苦涩，对婚姻生活大失所望，艺术的孤独。尽管如此，她却并非要归咎于我们。她的目光首先聚焦在自己的画上，盯着镜子审视自己的相貌轮廓。

一个正在画画的女子的自画像。

*

纳粹分子正是假借这幅画以及另一幅站姿裸体自画像，攻击保拉为堕落分子。"这位身后成名的沃尔普斯韦德女画家令人大失所望。她看待事物的方式极其缺乏女性特征，极端下流……她的作品是对德国妇女和乡土文化的侮辱……身为女性和母亲的同情心何在？……令人作呕的色彩大杂烩，病态、堕落的农民和儿童，愚不可及的形象，人类的糟粕。"[1]

*

保拉笔下画的是名副其实的女人。我想说的是终于**赤裸**的女人：挣脱男性目光的女人。不为男人充当模特的女人，不受男性肉欲、侵略性、占有欲、支配欲和自相矛盾的目光审视的女人。莫德松 - 贝克尔画中的女性既不魅惑（热尔韦），也没有异域色彩（高更）；既不挑逗（马奈），也不是受难者（德加）；既不癫狂（图卢兹 - 洛特雷克 [Toulouse-Lautrec]），也不肥胖（雷诺阿）；既不似庞然大物（毕加索），也不像雕塑（皮维·德·沙瓦纳 [Puvis

[1] 见提纳·考尔斯特鲁普（Tine Colstrup）在美国路易斯安那博物馆目录中的引述，2015年。在 1935 年 8 月 25 日不莱梅报纸上刊登的一篇长文中，"卧姿母亲"亦被扣上"堕落"的帽子。——原注

de Chavannes]）；既不轻飘（卡罗吕斯 - 杜兰 [Carolus-Duran]），也并非“用白色和粉色杏仁泥塑成”（左拉调侃卡巴内尔 [Cabanel]）。保拉并不施加报复，既无评说，亦无审判。她所呈现的便是她的亲眼所见。

还有惟妙惟肖的婴儿。艺术史上，诞生了一大批糟糕透顶的小耶稣，紧贴在满脸狐疑的圣母玛利亚的胸口。猴子的嘴脸，老人的脖颈，哺乳的情形说好听点像奶牛，说难听了简直就像在打弹子。不，我从未在绘画作品中见过保拉笔下那样的婴儿——正如我亲眼所见的那些有血有肉的小家伙一模一样。小家伙一边吃奶，一边瞪着人眼睛，一副全神贯注的模样，几乎可以说是目不转睛。手按在乳房上，或握成拳头。手腕完全看不出来，只有一道褶儿。脖子还挺不起来。肉嘟嘟的小腿，离强壮有力还差得远呢。瘦弱的手臂。脸蛋儿或红润，或苍白，与成人的脸色截然不同。四周是保拉营造的橙色光圈。

沐浴时，小埃尔斯贝特触摸着她的乳房，问东问西，保拉诗兴大发地回答道：“奥秘即在于此。”世界的起源：

孕育生命的乳房。小家伙们从女人的阴道中诞出，这已经够丢脸了。更何况乳房又是哺乳工具，这简直是偷窃、侵占。人们不会把《奥林匹亚》①想象成一个吃奶的婴儿。至于圣母的阴道（Vagin de la Vierge），那可是一片春情萌动的领地。

是否存在女性绘画，我不得而知，但男性绘画确实随处可见。保拉参观卢浮宫时，只有四位女性艺术家的作品在那里展出：伊丽莎白·维热-勒布伦（Élisabeth Vigée-Lebrun），跻身卢浮宫的第一位女性；康斯坦丝·马耶尔（Constance Mayer）和她的寓意画；阿德莱纳·拉比耶-吉亚尔（Adélaïde Labille-Guiard）和她的彩铅肖像画；奥尔唐斯·奥德布尔-莱斯科（Hortense Haudebourt-Lescot），于20世纪初跻身卢浮宫的近代女艺术家。里尔克在一封写给克拉拉的关于1907年秋季画展的信中提到，

① 《奥林匹亚》（Olympia）是法国印象主义画派画家爱德华·马奈的作品，完成于1863年。在这幅画作中，画家用一种可以在平面上展现整个身体的角度来表现裸体，既不求充分表现立体感，也不求半立体感，而是采取了一种独特的压缩式立体感，结果身体却比乍一看显得更有体积感。

有一整间展厅全都是贝尔特·摩里索（Berthe Morisot）的作品，艾娃·冈萨雷斯①也占据了一面隔墙；总之是乏善可陈。无论博物馆，还是画廊，参展的女性远远少于被展出的女性，况且后者往往以裸体示人。

　　拿破仑统治时期，康斯坦斯·马耶尔因为画裸体画而饱受诟病和嘘声。②

　　他们画女人。"他们"，即一般概念的男人，延续千百年的男性目光。1906年春天，保拉读了左拉的《杰作》（*L'OEuvre*），在这部以塞尚为原型的虚构作品中，女人赤身裸体，羞愧难当，沦为献身冰冷画室的模特："就

---

① 艾娃·冈萨雷斯（Eva Gonzalez, 1849—1883），马奈的女弟子，产后仅仅几天便因肺栓塞去世，年仅三十四岁。——原注
② 1812年，一个名叫勒·弗朗（Le Franc）的家伙"谋杀"了她的《年轻的娜伊亚德》（*Jeune Naïade*）："我不希望人们煞费苦心地教一个姑娘家去理解人体的和谐比例，指点她构成人体的每一块肌肉的形状和功能，引导她认知股骨和骶骨，及其他美妙的事物，在我看来学习这些知识对她毫无裨益……女人理应把自己的志向限定在描摹花束，或在画布上勾勒她亲人的肖像的范围内。一旦走远了，岂不有悖天理？有悖廉耻之道？"康斯坦斯·马耶尔于1821年自尽身亡，年仅四十五岁。——原注

这样，饱受皮肉之苦的克里斯蒂娜感到艺术的绝对权威沉甸甸地压在自己身上。"随着小说情节的发展，以及年纪的增长，她的皮肉日渐松弛，按照她的画家丈夫的说法："她腋下已经鼓包了。"

时过境迁，康斯坦斯·马耶尔生活的时代一去不复返，当保拉画裸体画时，已经没有人指责她寡廉鲜耻。她可以光明正大地学习解剖学知识，并未因此受到孤立：她经常来往的美院女学生，以及与她同届的苏珊·瓦拉东（Suzanne Valadon），全都画裸体画。但是，由此跨越到自己画自己的裸体……

*

在不莱梅的莫德松-贝克尔博物馆，珍藏着她最著名的自画像，每当人们谈起她，必然要提到这幅画。画中，她一直裸露到胯部，呈半站姿，大串琥珀项链，尖尖的小乳房，腹部隆起，像是怀孕四五个月的样子。她破天荒地在画面下方写了一句话："画于三十岁之际，恰逢结婚六周年，P.B.。"

但就日期来看，那是不可能的。1906 年 5 月 25 日，保拉并没有怀孕。一个月之前，她还在向奥托解释，孩子，现在不生，也不和他生。但她却像众多孕妇所做的那样，环抱着肚子，做出保护的姿态。

世界上三十位莫德松 - 贝克尔研究者讨论来讨论去，想弄明白其中的含义。有人提到她的饮食。卷心菜和甘薯吃得太多，这是一个腹部胀气的女人的自画像：再来点儿汤吗？但她尽可以**想象**自己怀孕了，顽皮地挺起肚子，腰身向后仰呈弓形，肚脐向前。摆个样子嘛。自画像恰如报告文学，她按照自己的心意和想象，描画自己：画出自己的影像。美丽，愉快，不失顽皮。

请注意：这可是艺术史上的第一次。第一次有女人画她自己的裸体。

脱去衣服，站在画布前，开画：这是我的皮肤，接下来画肚子，乳房和肚脐怎么画好呢……一个女人的裸体自画像，与自己赤裸相见，这是艺术史上的创举。[①]

　　是因为请模特花销不菲，还是有意为之？毫无疑问，这个健康的、爱运动的、漂亮的、圆润的、崇尚裸体主义的德国女人，爱她自己的身体。自己画自己的裸体，这当中不包含任何自恋色彩，纯粹是工作之需。无论对着镜子，还是参考照片。一切的一切有待于发现。我并不确定保拉是否意识到，她是艺术史上第一个这样做的人。无论如何，褪去衣裳、赤身裸体的她总是显得兴高采烈。

　　　　　　　　　　*

　　里尔克的《安魂曲》(*Requiem*)：

[①] 阿特米西亚·津迪勒奇（Artermisia Gentilesch，1593—1652/1653）可能是艺术史上第一位绘画女性裸体的女艺术家，至于她的代表作《苏珊和老汉》(*Suzanne et les vieillards*) 是否是其自画像，仍有待商榷。苏珊·瓦拉东的裸胸自画像创作于 1917 年。——原注

因为你理解这些，这些饱满的果实。

你将这些果实放在面前的碟子里，

你用颜色称量它们的重。

你像看果实一样看女人，

看孩子，看他们从内部

被驱入他们存在的模式。

最后，你像看果实一样看你自己，

你将自己从衣服里取出，

将自己拿到镜前，让自己进入镜中，

一直进入你的凝望；巨大地停留在镜前，

不说"是我"，而说"这是"。[1]

*

　　两张神秘的照片展现了保拉半裸至腰际的形象。它们大约拍摄于同一时间，即1906年夏天。参照这两张照片，保拉创作了两幅具有早期立体主义特征的正面裸体自

---

[1] 里尔克，《祭一位女友的安魂曲》（*Requiem pour une amie*），让-伊夫·马松（Jean-Yves Masson）译。——原注。此处参考的是陈宁的译文。

画像。画中的她戴着琥珀项链，头顶雏菊花冠，双手蜷曲成郁金香花形，一只手托着水果，另一只手抬起，搭在肩上，露出迷人的微笑。

照片的神秘之处在于，无从得知拍摄者是谁。照片透露出安宁、亲密、严肃、勤奋的气氛，这是典型的工作场景。保拉的目光中充满信任，聚精会神，平静而安详。

根据一个大胆的假设，拍摄这张照片的人正是里尔克。[1] 但是，我很难想象，像他俩那样一本正经地以您相称，对性（甚至调情）避而不谈的人——恕我难以想象，她赤身露体，他衣冠整齐，咔嚓。不过这倒是个有趣的假设。里尔克和保拉都是性情执着之人。他俩都很清楚自己在找寻什么，想要什么：写作，画画，找到那份足以安身立命、完成创作的孤独。两人恰好在同一时间逃离了各自的婚姻，宣称任何人不得假借世俗之名迫使他们偏离既定

---

[1] 戴安娜·拉蒂奇（Diane Radycki），《保拉·莫德松 - 贝克尔：第一位现代女艺术家》（*The First Modern Woman Artist*），耶鲁大学出版社，2013 年，第 153 页。——原注

的轨道。① 从这个角度来说，在这样两位艺术家之间，在这样两位友人之间，完全有可能诞生这样的照片。

按照官方说法，也就是经过反复推敲的作品目录中的说法，照片出自保拉的妹妹赫玛之手。不得不说，1906年，这位年纪轻轻的家庭女教师竟拥有一部照相机，这在当时可是件了不起的奢侈品。还有人认为拍摄这张照片的可能是维尔纳·桑巴特，也就是1906年1月在豪普特曼家遇见的那位大胡子社会学家，他很可能是保拉的情人，到巴黎与她小聚。为什么不可能是保加利亚人呢？保拉曾经给桑巴特画过一幅非常棒的肖像，却从没画过英俊的保加利亚人，因此我们无从得知他的模样……

那也可能是奥托拍的杰作，但我很难想象这对陷入爱情僵局的夫妻竟能若无其事地拍出这样的照片。

---

① 里尔克向克拉拉道："我们不得不将共同生活的计划一再延后……我的世界已开始朝着非个人的方向发展；这一切始于露特出生的那间白雪皑皑的小屋，从那时起不断发展，逐渐远离中心，向无限蔓延而去。"（1906年12月17日，于卡碧岛。）——原注

1906年夏天，卤化银上留下了她的影像印记。实实在在的她，尖尖的乳房，滚圆的肚皮，圆润的肩膀，淡淡的微笑，白皙的皮肤衬托着幽暗的琥珀。

*

奥托再次尝试重新赢回妻子。1906年9月3日："亲爱的奥托。你很快就要来了。但我求求你，可怜可怜你自己，也可怜可怜我：别让我俩受这份罪了。放了我吧，奥托。我不要你做我的丈夫，不要！接受这个事实吧。别再折磨自己了。过去的就让它过去吧。剩下的事你愿怎么处理就怎么处理吧。要是你还喜欢我的画，就把你想保留的选出来。别再想方设法安排我俩见面了。那只会延长痛苦。我还得向你要些钱，最后一次，再给我五百马克吧。我要去乡下待一阵子，请把钱寄给 B. 赫特格，沃热拉尔街108号。在此期间，我估计总可以想法儿维持用度。你对我的一切好我心存感激。我无以为报。你的保拉·莫德松。"

9月9日，另一封信。"亲爱的奥托。那封无情无义、尖酸刻薄的信，是我忍着一肚子气写的。我在巴塞尔（Bâle）听说你并未将造成我俩不和的原因如实告诉母亲，尽管那理应是你的分内之事。后来，我又在库尔特的信中看到，你把自己神经质的错误归咎于我，这与事实全然不符。你曾经告诉我，你与埃莱娜新婚旅行时也发生了同样的事。我不想和你生孩子只是一时之念，毕竟我自己还没站稳脚跟。背负你的指责，我只得在信里发泄怨气和愤怒。我很抱歉写了那封信。倘若你还没彻底放弃我，那就快点来吧，让我们试着重新开始。或许你会觉得我的思想转变颇为蹊跷。我只不过是个渺小的可怜人，连我自己也不清楚哪条路才是对的。这一切落在我头上，但我并不觉得自己活该如此。我不愿任何人因此受磨折。"

9月16日，保拉和奥托仔细商量了有关住宿的问题。她要不要给他租一间单独的卧室，或是一间画室？他是否打算先把卧具寄来？他能顺便把她喜欢的那床苏格兰呢羽绒被一起寄来吗？

莫德松-贝克尔夫妇将在巴黎共度半年时光。无论那段日子过得怎样，总之，1907 年 3 月，保拉怀孕了。

*

　　1906 年 11 月，保拉的一幅画——很可能是《戴黑帽子的小女孩》(*Petite fille au chapeau noir*)——在不莱梅艺术博物馆的一次联展上展出。尽管母亲直言不讳地说消受不了，却还是为她寄来两份简报："好评！"博物馆馆长古斯塔夫·保利 (Gustav Pauli) 回想起这位"对色彩拥有非凡直感的天才"女艺术家在 1899 年所遭受的不公待遇；唯恐她"严肃的、超凡的"天赋再次遭遇世俗的奚落，因为"她身上几乎没有任何足以取悦缺乏经验的外行的东西……凡是认定她的《少女头像》(*Tête de jeune fille*)丑陋不堪，对其嗤之以鼻的人们，何妨参考一下其他读者给予的善意好评呢"。

　　这样的批评即便不能让保拉欢天喜地，却足以让她心满意足。她在信里向米莉妹妹——观念更正统、更信仰宗教、更适合婚姻生活的米莉妹妹——说起这件事，向她解释真正的喜悦是秘而不宣的，只存在于孤独之中……很遗憾不知该如何与她谈论她的艺术……责怪她一心想要生儿子，尽管她们姐妹全都生为女儿身，并且个个巾帼不让须眉……她一五一十地清点用她寄来的钱给自己买的各种小玩意儿，一把漂亮的旧梳子，一对旧鞋扣……奥托？"坠入爱河的男人怎不令人动容"，"对于他所给予我的爱，我将会心存感激；如果我能健健康康地活下去，不年纪轻轻就一命呜呼的话"。

三十一岁生日时，保拉收到米莉的一枚金币和一枚胸针；妈妈送给她一副手镯；埃尔斯贝特为她画了一幅画，画上有一只灰啄木鸟和几个甘薯；奥托送给她一条白披肩和一本关于法尤姆肖像的书；豪普特曼夫人从苏台德为她寄来一个盖满糖霜的大蛋糕，以示和解。是的，豪普特曼一家决定到巴黎拜访这对重归于好的夫妻。

保拉致信里尔克："最近几个月，我在巴黎一事无成，恐怕还要再等许久才能真正变成什么人了。"

1907年3月9日，她向母亲和米莉宣布了怀孕的消息，但是，"嘘"，先别告诉别人。

*

"今年夏天，我终于意识到，我并非那种善于独处的女人。最重要的是，在奥托身边，我获得了工作所需的宁静。"临离开巴黎之前，保拉在给克拉拉的信中写道。她把家具暂存在房东家，委托里尔克代售。

好几个月过去了，有一天，正当他欣赏塞尚的水彩画时，里尔克突然想起来：那些家具还没处置！"太烦人了，简直不可思议，竟把这事忘得一干二净……但愿我的健忘不会造成什么不可收拾的后果才好。要不要全部卖掉呢，这样会不会更省事？我不记得那里的门牌号了，这下可真是没办法了。我要不要去一趟呢？只怕我是真的做了傻事。对我说点什么吧，最好是说几句宽心的话。"

这是两位友人之间交换的最后书信，四封关于家具的信件，沉甸甸地悬在两人之间的累赘。尤其是，这关系到保拉，问题因此变得更加棘手。的确，把她的家具忘得一干二净，再怎么说也"有点过分"，她如是写道。地址的话，很好记，蒙帕纳斯大道49号，韦迪学院（Académie Vitti）。如果有旧货商感兴趣，里尔克尽可以把一应物品全盘出手，再换点儿好东西回来，比方说，像她在巴黎弄丢的那种螺钿胸针，或是餐桌上用的青铜钟形罩，高更的复制图片也行，圣-奥诺雷-福布尔街114号的德鲁埃就有。无论如何，她请他把秋季画展的目录，连同塞尚的资料一并寄给她。因为，咳，她去不了了。

丝毫未提及要生孩子的事，只隐晦地暗示无法出行。

里尔克找到存放家具的地方，但学院主事的人一夏天都不在，没人给他开门，门房又很不好说话。"本金还保得住，尽管不可能升值，但愿也不会折价吧。等我一有时间，就会操办这件事，届时再向您报告。"她果真把一切都交托给他了，等到画室门一打开，他才发现那一大堆东西：床垫、床绷、两张桌子、两把椅子、一面大镜子，还有许多其他小玩意儿。

10月末，里尔克"一心一意忙乎韦迪的事"。那些家具，哪有人肯要。即便最不起眼的旧货商也只是耸耸肩，表示没兴趣。就算半价处理，门房也不愿开金口。"最糟糕的是"，韦迪夫人要卖画室。这下子，非卷铺盖走人不可了。既然不能把这一大堆东西往马路上一扔了事，他便自作主张把家具送给了一个模特，把床垫送给了门房。不管怎么说，这多多少少是他的错，于是他提议给保拉二十法郎作为补偿。至于为她买东西的事儿，时间恐怕来不及了，因为他可能"随时要动身"。他寄了秋季画展目录给她："祝您生活愉快，请对您忠诚的 R.M. 里尔克多一分宽容。"

这将成为他对保拉最后的寄语。

*

同一周，他在给克拉拉的信中预先透露，《杜伊诺哀歌》将是一部类似反传记的作品，如果让静默来讲述人生的话，就会是那个样子："啊，我们数着年月，随处删节，停下，复又重新开始，我们走走停停犹豫不决……然而，发生在我们身上的一切乃是一个连贯的整体，事与事彼此相连，发展壮大，落地生根……事实上，我们只需安身于此，老老实实，诚心诚意，就像土地存在于斯，顺应季节变迁，昼夜更替，安于天地之间，但求憩于生息幻化的星空下。"

存在，即是光辉。

*

1907 年的一幅自画像中，保拉已身怀六甲。自 3 月以来，自画像中的她的的确确是怀孕了的，但在这幅画中还只是依稀可辨。她望着我们，一脸严肃，显出些许嘲讽的神气，脸色红润，正如她按照自己标志性的方式握在手中的那两朵花儿一般娇艳，另一只手高高地搭在像皮球一样隆起的肚子上。

另一幅怀孕时期的自画像，上身赤裸至腰际，更多的是正面呈现，有更丰富的装饰性元素：壁画式构图，她本人置身于两根女像柱之间；圆滚滚的肚子，头戴花冠，琥珀项链，一手托着果盘，一手握着橙子，一副心满意足的模样，却又不失调皮。一根女像柱愁眉苦脸，另一根则满脸讥诮。从技术角度而言，这是艺术史上第一幅怀孕的自画像，可惜只保留下一张黑白照片：原作在1943年6月24日的空袭中毁于战火，珍藏在范·德·海特（les Van der Heydt）祖宅中的部分藏品也在同一时间惨遭灭顶之灾。

保拉是否意识到任何画家，更准确地说是任何**女**画家，都未曾表现过自己怀孕的样子？她好像"出自本能地"在画，追随生命的律动，呼应画布的节拍；按照里尔克的说法，她的目光是"贫瘠的"[①]、赤裸的；但她眼中有塞尚，有高更，有梵·高，有海关官员卢梭，有曾经的印象派和既已来临的立体主义。她画出自己亲眼所见：那个身怀六

---

① 里尔克在《安魂曲》中谈及塞尚的目光时，同样使用了"贫瘠的"（pauvre）这个词。（1907年10月7日致克拉拉的信）——原注

甲的女人，那个世间的存在。先是 1902 年，后来是 1907 年，克林姆特①为一位孕妇所画的裸体肖像引起轩然大波。在这组名为《希望》（*Espoir*）的画中，骷髅将未来的母亲团团包围。

*

在我自己家墙上，悬挂的唯一一幅我本人的照片是由凯特·巴里②——从前我非常喜爱的一位女艺术家——拍摄的。从那张照片中，我认出自己。那是 2001 年春天，在我家厨房，黑白照片中的我怀着六个月身孕，周围是一圈恍若圣母灵光的光晕。

曾几何时，每有报刊向我索要肖像，我就拿出这张照片，却屡遭拒绝。"我们想要一张正常的照片。"千篇一律的回答。

① 克林姆特（Gustav Klimt，1862—1918），奥地利表现主义画家，维也纳分离派的倡导者，奥地利维也纳分离派第一任主席。
② 凯特·巴里（Kate Barry，1967—2013），英国女摄影家。

*

保拉向妹妹赫玛写道："谢谢你准备的婴儿用品。我又开始画画了，真希望能有一件魔法斗篷，可以让我隐身遁形，那样的话，我唯一的心愿就是画画，再画画。"

她向米莉妹妹写道："'咳，这孩子真把我给制住了！'这回，我可真是感同身受啊。唯一的办法，就是耐心地对待我；否则，他或她就会发脾气。再别跟我写些'襁褓''喜事'之类的词啦。你很了解我，理应知道我属于那种宁愿把即将和襁褓打交道这等事藏在心里的人。"（10月，日期不详。）

她向克拉拉写道："这些日子，我总是想起塞尚，琢磨来，琢磨去。在为数不多的杰出艺术家之中，他好似一阵暴风雨，令我为之震撼。还记得 1900 年我们在沃拉尔（Vollard）那儿见到的情景吗？还有我待在巴黎最后那段日子，在佩尔兰画廊见到的他年轻时的作品。让你丈夫也去看看吧。佩尔兰有一百五十幅塞尚的作品。尽管我只见过区区几幅，但每一幅都堪称杰作。我多么渴望了解秋季画展的一切详情，所以请他至少把目录寄给我。快点儿来吧，如果可以的话，就星期一吧，恐怕要不了多久我就难得有闲了。若非此刻万般无奈不得不滞留于此，我定会不顾一切地冲向巴黎。"（10 月 19 日）

她向母亲写道："我多希望这星期能待在巴黎啊！此时此刻，正有五十六幅塞尚作品在展出！"（10 月 22 日）

*

1907 年 11 月 2 日，玛蒂尔德·莫德松出生。产程异常艰难，前后拖延了两天之久，最后动用了氯仿和产钳。医生叮嘱保拉卧床静养。

保拉的母亲喜不自禁，尤其是经历了"去年的噩梦"之后。女婴与她同名，也叫玛蒂尔德。从母亲到女儿，又一个女孩诞生了。她的信柔情四溢："保拉躺在雪白的枕头上，她钟爱的高更和罗丹的作品就挂在她头顶上方。灿烂的冬阳穿透洁白的窗帘，窗台上的天竺葵绽开红艳艳的笑脸……"我宁愿相信，此时此刻保拉也是幸福的，我宁愿相信，那个孩子为她带来了无尽喜悦。

摄影师雨果·爱尔福特[①]在为奥托拍摄的间隙，也给她们母女俩拍了几张相片。保拉躺在枕头上，格外抢眼，尽管面容憔悴，却笑意盈盈。女婴时而嘤嘤啼哭，时而酣然入梦。

*

十八天后，保拉终于可以起床了。家里预备举办一个小小的庆祝仪式。保拉让人把镜子放在床尾，她对镜梳妆，把头发编成头冠式样，又在内衣上别上玫瑰花。屋子里摆满鲜花和蜡烛，烛光熠熠。起身的一瞬间，由于卧床所导致的栓塞，保拉骤然倒毙。倒下的瞬间，她脱口而出：

---

① 雨果·爱尔福特（Hugo Erfurth, 1874—1948），德国摄影师，因为 20 世纪初文化名人拍摄肖像而闻名。

"Schade." 这是她最后的遗言，在德语中意为"可惜"。

*

因为这句遗言，才有了这部传记。这一切岂不令人遗憾。这个素昧平生的女人让我怀念。我希望她活着。我想要展示她的作品，诉说她的生平。我想还她以公道，不仅如此，我还想还她以存在，还她以光辉。

我知道自己是在为另一个逝去的人而讲述，不过暂且让他等一等吧，逝者终有归来之时，以后我会书写他短暂的一生，他就是我的一奶同胞，名叫让，他只活了两天，但现在还不是说他的时候。

"你的一生，何其短暂……"[①] 利用讲座、朗诵会、制作纪录片（Arte 电视台曾邀请我做客阿尔诺·施密

---

① "Wie war dein Leben kurz...", 里尔克，《安魂曲》。——原注

特①——另一个我"亲爱的德国人"——的故乡,他的荒原恰好毗邻沃尔普斯韦德)等机会,我数次往返不莱梅。我们全家人甚至驾驶露营车来到德国北部,那里的8月艳阳高照,只见得到德国人和波兰人,他们笑着问我们来做什么,竟然与温暖的海洋背道而驰,莫不是走错了方向。我们从一幅画游弋到另一幅画。

*

克拉拉手捧奥托的信赶来,直奔墓地。不然,还能怎样呢?里尔克远在威尼斯,正与米米·罗曼内里(Mimi Romanelli)缱绻相伴。噩耗传来,他被迫缩短行程,在用法语写给米米的信中,他没有直接提及保拉:"生命中,死亡在所难免……一个寒冷的星期天,我大清早乘着贡多拉兜圈子,竟然情不自禁地哭了,但是,亲爱的人儿啊,我并不为此感到羞愧……正是这死亡无时无刻不伴随着

---

① 阿尔诺·施密特(Arno Schmidt, 1914—1979),德国作家、翻译家。尽管他在德语区之外并不出名,甚至在德国也未必称得上是最受欢迎的作家,但评论家和作家通常视其为20世纪最重要的德语作家之一。

我，雕琢着我，变幻我的心境，澎湃我的血液……"

保拉去世整整一年后，1908年万圣节，里尔克回到巴黎，接连三夜噩梦不断，于是写了那首《祭一位女友的安魂曲》（*Requiem pour une amie*）。他当时下榻的瓦莱纳街77号毕隆旅馆，日后改建成罗丹博物馆。里尔克向西多妮·纳德尼（Sidonie Nadherny）——另一个他挚爱的女人——如是描述那类似热病发作般的狂热："我给一个人写了一首《安魂曲》，已经写完了，却未曾留意日期的巧合……恰巧一年前，这个人去世了，是个女人，她精彩的艺术生涯才刚刚起步，却被家庭，被不幸的命运，被无情的死亡（une mort impersonnelle）扼杀了。之于死亡，她毫无准备。"

（六）

尾
声

「我感知到你的命运，
却叫不出它的名字。」

我把重读《安魂曲》一直推迟到这部传记创作过程的最后。一旦开始阅读，我的脑袋好像变成了共鸣箱，各种和弦在此交响。与其说是阅读，毋宁说是聆听。译文如音乐般千回百转，随着研究的推进，我学会了聆听德语。"我怀抱死者"……[①]

　　里尔克并非我喜爱的作家。他不同于同时代的卡夫卡。卡夫卡是怎么写作的，我不得而知，但就里尔克而言，我看到他的窘困，他的成功，他的胜利，他的卑微。我看到劳作，繁重而艰辛的耕耘。我敢断言，我们是一路人。

　　在创作方面，保拉足以与他比肩。这或许是唯一得到他如此高看的女性，他与她并肩作战。在这种平等的基础之上，他爱她。

　　但他未曾道出她姓甚名谁。直呼保拉会不会显得过于亲密？用哪个姓氏呢，既非父姓贝克尔，亦非夫姓莫德

---

① 原文德语："Ich habe Tote..."系里尔克为保拉所作《安魂曲》的开篇之句。

松……"祭一位女友"。里尔克的女友数不胜数，即便入土者亦不胜枚举。里尔克经历过死亡，"我怀抱死者"，她是"存在于斯"的唯一，令他念念不忘的唯一。第一次，他对她以你相称。

> 领悟到你在这里。我领悟了。
> 全如盲人通过周围来领悟一件事物，
> 我感受到你的宿命，知道你的宿命没有名姓。
> 让我们一起哀诉吧……①

　　他用简单的、叙事的方式言及这桩死亡，一如奥托对克拉拉的讲述。那面她梳妆的镜子，那花冠发型，他憎恨这强加于保拉的死亡，这并非她的死亡。他憎恨这提早降临的死亡，它是窃取生命的盗贼②……他控诉那个自以为掌握着所有权的"大男人"，然而任何人既不能也不该

---

① 让-伊夫·马松译，1996年。——原注。此处参考的是陈宁的译文。

② 提及创作的生命力时，里尔克为克拉拉引述七十岁高龄的塞尚的话："尽管缓慢，但我每天都在进步。我要继续学习，我曾对自己发誓，即使死，也要在画画时死去。"此外，他向露·安德烈亚斯·莎乐美引述葛饰北斋的话道："直到七十三岁我才约略参悟到鸟、鱼、植物的形状与本质。"——原注

强留"那个目不斜视，自顾在狭窄的生命边缘追寻她自己的道路的女人"。

"你就那样死了，像从前的女人们一样死去，死得那么老套，死在热烘烘的家里，死在康复的产褥上，同婴儿一道诞下的病魔，恣意反扑，将她们吞没。"[①]

2001年，写作《宝贝》时，我曾援引里尔克，当时我还不知道保拉·莫德松-贝克尔是谁，也无从体会对她的怀念。

*

行笔至此，我不禁想起奥托，他两度沦为鳏夫，两位娇妻先后亡故，接连抛下他和两个哭着喊着要妈妈的嗷嗷待哺的幼女。

~~~~~~~~~~

[①] 此处系我本人借鉴罗兰·加斯帕尔的译文（1972年）所做的散文体翻译。——原注

埃尔斯贝特和玛蒂尔德，两个小女孩，两个同父异母的姐妹，两位老妇，相依为命，一同在不莱梅走向生命的终点。生前，两人共同从事护理工作。

*

在伍珀塔尔（Wuppertal），博物馆馆长的双手令我记忆犹新。他轻轻翻弄画作，向我一一展示。我们置身地下室。该馆收藏的十九幅保拉画作，当时全部处于雪藏状态。

戴黑帽子的小女孩，手放在胸口的小女孩，坐着的农妇，金鱼静物，一幅母子图，画面中的婴儿捧着一个甜橙，一幅极美的南瓜静物，抱兔子的小女孩……正当馆长翻到这幅画时，另一个小女孩显现出来，原来保拉重复使用了这张画布。因此，总共是二十幅画，而不是十九幅。

沿着墙壁和金属展架，低矮的天花板，昏暗的氖光灯，灰暗的混凝土地面，这样的展览，尽管冷冰，却不失亲密，相信有朝一日，日光、空气会为这些画重新注入生机。

*

她是一位"英勇、好战的"女性。1916年12月26日，时值保拉去世九周年，里尔克在给她母亲玛蒂尔德的一封长信中如是写道。他补充说，这两个词尚不足以道出他所认识的保拉。即便是保拉母亲打算出版的那些信件，亦不足以道出保拉的全貌。他说，最后那年，也就是"她开启新生活"的那一年，保拉心里只装着两件事——"工作和命运"。随后，他轻描淡写地说：在她生命的最后阶段，保拉形成了"无与伦比的个人风格"。

我们劳作耕耘，我们有血有肉。一面是生儿育女，一面是艺术创作，女人必须做出选择。只可惜关于这所谓"命运"，里尔克后来写下过一些难掩狭隘之嫌的文字。同为女人和艺术家，我有幸在新千年生下自己的孩子，我要感谢医学进步攻克了肺栓塞这一常见的产后并发症，使我免遭同样的"厄运"。

保拉母亲爱女心切，她不顾里尔克的意见，出版了女儿的书信集，字里行间勾勒出一个青春飞扬的德国姑娘，一位捍卫艺术的女英雄，一位柔情脉脉的恋人。书信集一经出版，便在德国获得巨大成功：重印多达十五六次，在两次世界大战期间，累计销售五万册。[①]1923年，当里尔克重新读到这些书信时，心中不禁五味杂陈，那竟然是他寄居的城堡的女仆所收到的圣诞礼物。日记和部分信件的手稿早在第二次世界大战的战火中灰飞烟灭，另有部分手稿失而复得，经补充、整理后，由两所美国大学出版社推出了德文版。

如今，在德国，明信片、磁力贴、招贴画上随处可见保拉·莫德松-贝克尔的作品。人们还将它们展示给小学生欣赏。在不莱梅，设有她的专属博物馆。去世之后，保拉几乎一夜成名。"而今，那些人又将所谓荣誉的光环加诸这些作品。"1908年11月8日，里尔克在给西多妮·纳德赫尔尼（Sidonie Nádherný）的信中写道："当初千方

---

① 自1949年，累计销售十万册。——原注

百计阻挠她，不让她清净，不让她进步的也正是这帮人。"
然而，对她的姓名绝口不提的里尔克又为她身后成名做了
些什么呢？①奥托管理她的遗产，赫特格成为她的捍卫者，
福格勒呢，1938年，他在一本反纳粹的杂志上勇敢地发
表了一篇介绍她的专题文章。

　　她的作品很快出现在众多联展上，与恩索尔②、克莱、
莫尔（Moll）、科科施卡③、马蒂斯等人的作品并肩展出。
她的第一次独立个人画展于1908年在不莱梅举行，此后
个展络绎不绝。众多德国博物馆和私人收藏争相抢购她的
作品。路德维希·罗泽柳斯（Ludwig Roselius）还为她建
了一座博物馆。

<hr>

① 1924年，他在与一位大学教师的谈话中说道："保拉·莫德松，我最后一次见
　到她是在1906年的巴黎，我对她当年的作品知之甚少，即便之后的作品也不
　甚熟悉。"——原注
② 詹姆斯·恩索尔（James Ensor，1860—1949），比利时画家、图形艺术家，他
　的作品影响了许多后世表现主义和超现实主义画家。
③ 奥斯卡·科科施卡（Oskay Kokoschka，1886—1980），奥地利表现主义画家、
　诗人、剧作家。科科施卡的画作有其独特的风格，他的文学作品也同样具有强
　烈的幻觉印象，如同作家被强迫服用了迷幻药一样。他的剧作《暗杀者，女人
　们的希望》（1909年）被称为世界上第一部表现主义戏剧。

罗泽柳斯是一位不莱梅艺术赞助人，1906年，因投资无咖啡因咖啡行业，身价倍增。他在贝特夏街买下一块地皮，委托赫特格操刀设计。1927年，保拉·贝克尔之家正式开门迎客。起初，罗泽柳斯坚持称呼她贝克尔。整栋建筑呈圆形，创意无限，庄重而不失愉悦，酷似一颗用砖石砌成的糖果，这是世界上第一座专为女性艺术家建造的博物馆。战后，贝克尔之家依原样重建，屹立至今，贝特夏街俨然成为不莱梅的游览胜地。1937年，纳粹分子从德国各大博物馆中肃清了七十幅保拉的作品。其中许多被销毁，另一些被出售，还有几幅则被扣上"腐化堕落"的帽子示众，这倒真是长了保拉的志气。纳粹分子不知该拿这位女艺术家怎么办，她既不肯待在厨房，又不肯去教堂，也没有多少孩子。赫特格与罗泽柳斯曾在贝克尔博物馆的外墙镌刻上这样一句非同寻常的、充满挑战意味的铭文："以画为证，正当勇敢的男人们的英雄气概名存实亡时，这位高贵的女性却以胜利的姿态傲然挺立。"这行金字刻在一位手执宝剑的天使下方，是对保拉无声的致敬。纳粹分子要求抹掉这句话。罗泽柳斯最终与他们达成妥协，修改了其中一个词，即用"直至"代替了"正当"。

战后，又重新改回了"正当"。

为什么她的声誉仅限于德国？为什么她的巴黎从未展出过她的作品？诚然，她是德国人，但毕加索不也是西班牙人吗？莫迪利亚尼不也是意大利人吗？即便作品没有最终完成，也不至于造成这么大障碍吧？或者应该这样理解，那就是说女性身份将她阻隔在了国界之外？难道她还没有资格取得畅行天下的环球签证吗？

*

里尔克在《安魂曲》中痛批那条黄色琥珀项链。沉甸甸的项链珠里，凝结着怎样的保拉？

我漫步于沃尔普斯韦德故居，一条红色缎带将我拦住，另一边有一个碗橱、几只盘子，保拉最后的遗作戏剧性地陈列在三脚画架上。我不禁想到圣彼得堡的陀思妥耶夫斯基故居，想到他的帽子和雨伞，想到写字台底下垂着的用来给假蜡烛供电的电线。我又想到位于都柏林的乔伊斯的马尔泰洛塔楼（la tour Martello）。想到那把恍惚是小说中出现的蓝色茶壶，还有茶杯。想到位于巴格菲尔德（Bargfeld）的阿尔诺·施密特（Arno Schmidt）故居，想到自他去世那天起再没有动过的书桌，想到他的眼睛，厨房里装咖啡的盒子，以及他有生之年喝过的最后一杯咖啡。

这些物品全都变成全息影像，尽管近在眼前，却随着那些曾经赋予它们重量的双手一起消失了。逝去的人们曾经使用的物品就这样留在那里，既愚蠢，又让人心碎。如果保拉的项链而今依然存在于某个不知名的角落，透过那琥珀是否能看到她眼中的蜜蜂？

保拉，就在那里，与她的画一道。我们会看得到她。

致　谢

*

写作这部传记的同时，我正与朱莉娅·加里莫特（Julia Garimorth）、法布里斯·赫尔戈特（Fabrice Hergott）一起共同筹备将于 2016 年 4 月至 8 月期间在巴黎现代艺术博物馆（le musée d'Art moderne de la Ville de Paris）举行的保拉·莫德松 - 贝克尔画展。这专属于保拉的一春与一夏，距离她最后一次来到巴黎已经过去了整整一百一十年。于我而言，写作和展览同为表示爱的举动。

借此，我还要感谢埃森法 - 德文化中心的米歇尔·文森特（Michel Vincent），感谢他用洪亮的声音为我们做翻译，感谢他所提供的友好协助，以及对书稿所做的校读。

感谢迪亚娜·拉狄克（Diane Radycki）的纽约之邀，感谢她以通信方式与我们所进行的交谈，以及对书稿的校读。感谢莫妮卡·斯特劳斯（Monica Strauss）的热情款待。感谢不莱梅贝特夏街的苏珊·格拉赫（Susanne Gerlach）的友好接待。

沃尔夫冈·沃纳，在有关保拉的话题上，他可谓是一座不竭的宝藏。

还要感谢韦尔娜·博格曼（Verena Borgmann）、纪尤姆·法鲁（Guillaume Faroult）、西尔万·阿米克（Sylvain Amic）、赫拉·福斯特（Hella Faust）、安娜·弗雷拉（Anna Frera）、汉娜·博加南（Hanna Boghanim）、斯特凡娜·盖冈（Stéphane Guégan）、让-马克·泰拉斯（Jean-Marc Terrasse）、埃米利亚诺·格罗斯曼（Emiliano Grossman）、弗兰克·劳克特（Frank Laukötter）、伊丽莎白·莱博维奇（Élisabeth Lebovici）、埃马努埃利·图阿蒂（Emmanuelle Touati）。

参 考 书 目

*

Günter Busch & Liselotte von Reinken, *Paula Modersohn-Becker in Briefen und Tagebüchern*, Fischer, 1979. Edité et traduit en anglais par Arthur S. Wensinger, Carole Clew Hoey, *Paula Modersohn-Becker, the letters and journals*, Northwestern University Press, 1998. Tous les extraits de journaux que je cite en sont tirés sauf ceux de Rilke, et plusieurs lettres.

Günter Busch et Wolfgang Werner, *Paula Modersohn-Becker, Werkverzeichnis der Gemälde*, catalogue raisonné, Hirmer Verlag, deux tomes, 1998.

Paula Modersohn-Becker Briefwechsel mit Rainer Maria Rilke, Insel-Bücherei n° 1242, 2011. Correspondance de Paula avec Rilke.

Rilke, *Œuvres III, Correspondance*, édition établie par Philippe Jaccottet, traduction de Blaise Briod, Philippe Jaccottet et Pierre Klossowski, Seuil, 1976.

Rilke, Tsvetaïeva, Pasternak, *Correspondance à trois,* traduction Philippe Jaccottet, Gallimard, coll. « L'Imaginaire », 1981.

Rilke, *Lettres sur Cézanne*, traduction de Philippe Jaccottet, Seuil, 1991.

Rilke, *Journaux de jeunesse*, traduction de Philippe Jaccottet, Seuil, 1989.

Rilke, *Journal de Westerwede et de Paris*, traduction de Pierre Deshusses, Rivages Poche, 2003.

Rilke, *Requiem*, traduction de Jean-Yves Masson, édition bilingue, Fata Morgana, 1996 ou Verdier poche 2007 ; ou traduction de Lorand Gaspar, Seuil, 1972.

Rilke, *Worpswede, Lettres à un jeune poète*, et *Les Carnets de Malte Laurids Brigge*, in *Œuvres en prose*, édité et traduit sous la direction de Claude David avec Rémy Colombat, Bernard Lortholary et Claude Porcell, Gallimard, coll. « Bibliothèque de la Pléiade », 1993.

Rilke, *Élégies de Duino*, traduction de François-René Daillie, édition bilingue, L'Escampette, 2006.

Rilke, *Notes sur la mélodie des choses*, traduction de Bernard Pautrat, édition bilingue, Allia, 2008.

Jens Peter Jacobsen, *Niels Lyhne*, traduction de Martine Remusat, Stock, 1928.

Knut Hamsun, *Pan*, traduction de Georges Sautreau, Calmann-Lévy, 1985.

Émile Zola, *L'Œuvre*, éditions G. Charpentier, 1886.

Henrik Ibsen, *Maison de poupée*, traduction de Marc Auchet, Le Livre de poche, 2002.

Virginia Woolf, *Un lieu à soi*, traduction de Marie Darrieussecq, Denoël, 2016.

Ramuz vu par ses amis, L'Âge d'homme, 1988.

Correspondance adressée à Hayashi Tadamasa, sous la direction de Brigitte Koyama-Richard, Kokusho-kankôdai, Institut de Tokyo, 2001.

Diane Radycki, *Paula Modersohn-Becker : The First Modern Woman Artist*, Yale University Press, 2013.

Eric Torgersen, *Dear Friend : Rainer Maria Rilke and Paula Modersohn-Becker*, Northwestern University Press, 1998.

Maïa Brami, *Paula Becker : la peinture faite femme*, éditions de l'Amandier, 2015.

Ralph Freedman, *Rilke, la vie d'un poète*, traduction de Pierre Furlan, Solin Actes Sud, 1996.

W.G. Sebald, *Les Émigrants*, traduction de Patrick Charbonneau, Actes Sud, 1999.

L'argent, l'urgence est le titre d'un roman de Louise Desbrusses paru chez P.O.L en 2006.

Il existe de nombreux catalogues et beaux livres sur l'œuvre de Paula, ainsi celui d'Averil King (*Paula Modersohn-Becker*, Antique Collector's Club, 2009). La plupart sont publiés en Allemagne. Le plus récent à ma connaissance est le catalogue de l'exposition de 2014 au musée Louisiana du Danemark, avec l'article de Tine Colstrup, « Venus of Worpswede ». Plusieurs biographies existent en allemand, dont celle de Rainer Stamm, *Ein kurzes intensives Fest – Paula Modersohn-Becker*, Reclam-Verlag, 2007.

Siân Reynolds, *Comment peut-on être femme sculpteur en 1900? Autour de quelques élèves de Rodin*, Persée, 1998, www.persee.fr, avec la citation de Kathleen Kennet (*Self Portrait of an Artist*, mémoires, 1949).

Denise Noël, *Les Femmes peintres dans la seconde moitié du XIXᵉ siècle*, https://clio.revues.org/646, 2004, avec la citation de Sophie Schaeppi (*Journal*, 1892).